LA BELLEZA DE LAS PALABRAS

MARIO ESCOBAR

LA BELLEZA DE LAS PALABRAS

La historia de Juan de Valdés y el brillo de su prosa ante la oscuridad de la Inquisición

MARIO ESCOBAR

ESPAÑOL
BRENTWOOD, TENNESSEE

B&H Publishing Group
Brentwood TN, 37027

Diseño de portada: Inger Castro Paris

Arte de la portada: Shutterstock y dominio público

Clasificación Decimal Dewey: F
Clasifíquese: VALDÉS, JUAN DE \ AUTOR ESPAÑOL \
ESPAÑA—HISTORIA

ISBN: 978-1-0877-7590-6

Impreso en EE. UU.
1 2 3 4 5 * 27 26 25 24

Agradecimientos

A todos los que aman los libros y ven en ellos siempre el bello mensaje de la esperanza.

A los hombres y mujeres inquietos capaces de morir por la verdad.

«Ansi mesmo la *Gramatica de Romançe de Antonio de Nebrija* quiero que se enquaderne con el *diálogo de valdes de la lengua española*, que tengo escrito de mano, y que se ponga en la libreria de la dicha santa yglesia, lo qual ella mandara enquadernar en tablas pues es libro raro para guardarse alli y si en esto oviere olvido, mando que a mi costa se enquaderne y se ponga en el dicho lugar (San Román, 1928, p. 553)».

San Román, Francisco de Borja, «El testamento de Alvar Gómez de Castro», *Boletín de la Real Academia Española*, XV, 1928

«La sangre de mi espíritu es mi lengua
y mi patria es allí donde resuene
soberano su verbo, que no amengua
su voz, por mucho que ambos mundos llene.
Ya Séneca la preludió aún no nacida y en su austero latín ella se
encierra; Alfonso a Europa dio con ella vida,
Colón con ella redobló la tierra.
Y esta mi lengua flota como el arca de cien
pueblos contrarios y distantes,
que las flores en ella hallaron brote
de Juárez y Rizal, pues ella abarca
legión de razas, lengua en que a Cervantes Dios
le dio el Evangelio del Quijote».

Miguel de Unamuno

Índice

Prefacio

JUAN DE VALDÉS FUE UNO de los hombres mejor preparados del siglo xvi aunque su vida y obra han quedado casi en el olvido. El escritor, lingüista y teólogo, nacido en Cuenca en 1494, realizó una de las mayores proezas de la lengua española desde sus inicios allá por el año 1000, con las *Glosas Emilianenses,* aunque recientemente se ha descubierto un texto anterior, escrito en León llamado *Nodicia de Kesos,* datado entre 974 y 980.

El caso es que un idioma que nació tan pronto no tuvo unas reglas que articularan su inmenso caudal hasta que el lingüista Antonio de Nebrija publicó en 1492 su famosa *Gramática castellana.* En aquel año de tantos cambios prodigiosos para España, y para el mundo, Nebrija, con el mecenazgo de Juan de Zúñiga, logró dar a luz la primera obra que ponía reglas al castellano. Unos cuarenta años más tarde, desde las lejanas costas de Nápoles, Juan de Valdés publicaba *Diálogo de la lengua,* un texto cuya primera intención fue ayudar a los hijos de los españoles que vivían en Italia para que no perdieran su idioma materno. El manuscrito no se imprimió hasta 1736, aunque no se descubrió su autoría hasta entrado el siglo xx. ¿Por qué la obra de Juan de Valdés había pasado casi desapercibida? El escritor español había tenido que huir de la península ibérica por sus ideas reformadas, nacidas directamente del estudio de la Biblia. Su obra quedó marginada e ignorada durante siglos por su pasado heterodoxo, aunque su labor expertos y lectores de todo el mundo.

Durante los últimos 100 años se ha intentado desprestigiar los profundos vínculos que hay entre los pueblos de Hispanoamérica con la intención de diluir su identidad. Algunos escritores, como Miguel de Unamuno, vieron en este intento de marginar lo hispano un despropósito.

La globalización ha intentado, en su afán de aunar a los pueblos, tal vez con la intención de controlarlos mejor, destruir el rico legado que siempre ha unido al continente de América con España. Las tradiciones eternas que unen con lazos invisibles a los pueblos, que se concretan en una forma ejemplar de vivir, de sentir y de pensar.

La hispanidad que engloba todos los países de América y España es una verdad que nace del corazón y alumbra la mente en una época en la que las tinieblas del relativismo y el racionalismo han copado el pensamiento occidental.

La única forma de escapar de la tiranía de lo pragmático, que parece invadirlo todo, es luchar contra el yugo de la lógica, el tiempo y el espacio. La vida es trascendencia o no es nada. En este libro, la historia de Juan de Valdés nos invita a que descubramos por medio de la «belleza de las palabras» algo mucho más profundo: «El Verbo se hizo carne y habitó entre nosotros», por la «Palabra es que fueron hechos los cielos y la tierra». Un Dios que expresa su voluntad por escrito tenía que conducirnos sin duda al último enemigo que será vencido tras la muerte: la ignorancia.

Ahora que los libros viven marginados por las pantallas y los logaritmos lo invaden todo, el genio de la lengua dará salida a las manifestaciones del espíritu de los pueblos, y estas palabras serán las que nos liberen o conviertan en esclavos de imperios culturales.

Todo pasa, no es posible meter dos veces la mano en la misma corriente de un río, la vida y la obra son pasajeras, pero siempre quedará la lengua y el espíritu que permitió a los genios pensar, a los trovadores cantar y a los poetas robarnos el corazón.

Que la vida de Juan de Valdés y su lucha por la fe y la palabra nos inspiren a todos a amar la una y la otra, ya que ambas nos acercan a Dios y nos convierten en sus hijos.

Mario Escobar
Madrid, año de nuestro Señor de 2023

Prólogo

Zúrich, 10 de agosto del año de nuestro Señor de 1542

AHORA QUE HE LOGRADO QUE mi inquieto corazón se calme, necesito poner en orden mis pensamientos y, sobre todo, recordar la vida del hombre que abrió mi mente a los maravillosos manjares de la vida eterna. Yo era el hijo de un humilde barbero llamado Doménico en la ciudad de Siena; mi padre quiso que ingresara en los franciscanos cuando yo era pequeño porque mi madre había fallecido. No puedo negar que lo odié por ello, creyendo que prefería a Dios antes que a mí, pero tras estudiar Medicina en Perugia, decidí unirme a la Orden de los Capuchinos; cuatro años más tarde era ya general de todos mis hermanos.

La orden era muy pequeña. Apenas unas décadas antes, la habían fundado Mateo de Bascio y otros hermanos salidos de los franciscanos para dedicarse a la vida contemplativa. Mi oratoria encandilaba a todo el que se acercaba a escuchar, pero en mi corazón persistía un gran vacío. En uno de mis viajes a Nápoles, mientras daba un sermón en Cuaresma, se acercó a mí un español moreno, mal encarado, de baja estatura, con los dientes amarillentos pero con una mirada bondadosa. Tras felicitarme me hizo una pregunta que me cambiaría la vida: «¿Quién es para ti Jesús?» No supe qué responder, pero él, sin dejar de sonreír, contestó: «Ven y descúbrelo».

Llevaba apenas cuatro años en los capuchinos cuando comencé a asistir a las tertulias literarias en casa de Juan de Valdés. Allí asistían algunos de los hombres más importantes de Italia como Marcantonio Flaminio, Vittoria Colonna, Pietro Martire Vermigli, Benedicto Fontanini o Giulia Gonzaga. La voz suave y monótona de aquel español me introdujo en las grandes verdades de Dios y me atrajo hasta su Palabra. Ahora, mientras comienzo estas precipitadas letras, todos aquellos que amábamos a Juan de Valdés, y servíamos clandestinamente a nuestro maestro Jesucristo, hemos sucumbido a los estragos de la Inquisición o hemos logrado huir de Italia. El mundo tiene que conocer a Juan de Valdés y descubrir las verdades que él me enseñó. Dios lo tenga en su gloria y cuando Él me llame a su presencia, después de besar los pies de mi amado Jesús, iré al encuentro de Juan y lo abrazaré por toda la eternidad.

1ª PARTE

Alcalá de Henares

CAPÍTULO 1

Ciudad nueva

*«La verdad adelgaza y no quiebra, y siempre anda
sobre la mentira como el aceite sobre el agua».*
MIGUEL DE CERVANTES

Alcalá de Henares, 15 de septiembre del año de nuestro Señor de 1525

JUAN DE VALDÉS LLEGÓ A la ciudad de Alcalá de Henares después de pasar dos años escondido con su tío en Villar del Saz, porque la Inquisición seguía la pista a un grupo de «alumbrados» dirigidos por el predicador Pedro Ruiz de Alcaraz en la pequeña corte del marqués de Villena en Escalona a la cual él estaba vinculado. Por recomendación de su hermano, Alfonso de Valdés, decidió ingresar en la recién creada Universidad de Alcalá de Henares. La facultad de Teología la creó el cardenal Cisneros con la intención de profundizar en los estudios bíblicos. Se había puesto de moda en toda la cristiandad indagar en las lenguas que habían servido de soporte para fijar las enseñanzas de la Biblia. Igual que años antes los estudios de los libros clásicos en griego y latín habían logrado que Europa despertase de su largo sueño medieval y un nuevo renacimiento llegase a las mentes y a los corazones de los herederos del Imperio romano.

4 La belleza de las palabras

Juan observó fascinado la vetusta ciudad. Los romanos la fundaron dándole el nombre de *Complutum* muy cerca de un castro celtíbero. En época del emperador Vespasiano se había fundado la primera escuela para jóvenes en la famosa casa de *Hippolytus* y, como si la urbe estuviera destinada a convertirse en la cuna de cada nueva generación, tras la reconquista de la plaza a los árabes, se fundaron muchos conventos y escuelas pías en las que educar a los numerosos judíos y moriscos que se resistían a bajar a las aguas del bautismo. La llegada al poder del cardenal Cisneros, nacido en la cercana localidad de Torrelaguna, terminó de ennoblecer a la villa, además de convertir a la Studia, fundada en 1293 por los franciscanos, en la Universidad de Alcalá de Henares. La localidad que contaba con unos dos mil vecinos doblaba su población cuando los alumnos regresaban a las aulas. Los hijos de algunos nobles, y de los burgueses, intentaban medrar y sacarse su licenciatura o doctorado para entrar en la administración o conseguir un buen cargo eclesiástico.

Juan caminó por las calles estrechas de la antigua judería. En aquel barrio aún vivían muchas familias conversas que, a pesar de la persecución, las leyes, los bautismos y los rigores de la Inquisición, continuaban viviendo aisladas del resto de los habitantes de la villa. Su tío le había recomendado una vieja casa para estudiantes en la calle Mayor, no demasiado retirado de la plaza de la Universidad. El joven conquense llamó al portalón y salió a recibirlo una criada encorvada de mucha edad, lo fulminó con la mirada y, tras un breve interrogatorio, lo dejó pasar.

—Será mejor que no intentéis ninguna treta, mi ama y yo llevamos más de veinte años alquilando alcobas a estudiantes y nos sabemos todos los embustes de los bachilleres. La renta se paga el primer día del mes, tenéis derecho a desayuno y cena, un baño a la semana y comida para vuestro jamelgo, aunque os aconsejo que os desahagáis de él, ya que la villa no es tan grande y así vuestras piernas se pondrán fuertes para huir de los maleantes. Alcalá, como todas las ciudades de estudiantes, está infectada de malandrines, meretrices, embaucadores y gentes de mal vivir.

—No os preocupéis, pasé en Toledo una temporada.

La mujer dio un gran suspiro y subió con dificultad las escaleras empinadas hasta la segunda planta.

—No seáis ingenuo, que es casi tan malo como ser pícaro. Toledo es una ciudad noble comparada con esta, la única que se le asemeja es la de Salamanca, incluso aquella es peor, ya que allí se forman los futuros abogados.

La mujer abrió la puerta y salió un pestilente olor a podrido, el joven se tapó la nariz para no vomitar. Había porqueras más limpias que aquel cuchitril. La criada abrió las ventanas y apartó las contraventanas, la luz terminó de rematar el deprimente estado del cuarto.

—Limpiamos una vez al mes, las sábanas cada dos meses, esas son del anterior estudiante que murió de unas fiebres el semestre pasado, pero no temáis, el tiempo habrá terminado con todas las pestilencias que aquel joven echó por todos los poros de su piel antes de morir.

El aire de la calle hizo olvidar en parte el hedor, pero el polvo revoloteaba por todas partes como una niebla maligna.

—Habéis llegado tarde para el desayuno, pero aún queda un poco de pan duro y un trozo de queso de oveja, si los ratones no se lo han comido.

En cuanto Juan se quedó solo dejó su saco en un lado y miró al destartalado cuarto con cierta pena. Recordaba sus aposentos en el palacio del marqués en Escalona y su fabulosa biblioteca; esperaba que en la universidad hubiera una así de buena.

Se sentó en la cama y miró las sábanas renegridas por la mugre y la sangre reseca, se tumbó un rato y con las manos en la nuca intentó abstraerse y pensar en el jardín del palacio y las sabias lecciones de su mentor Pedro Mártir de Anglería. Su profesor había nacido en Milán, pero se había criado en Roma. Siempre le había hablado de la Ciudad Eterna y la hermosura de sus viejos templos romanos. Pedro Mártir había llegado a Castilla de la mano del conde de Tendilla, Íñigo López de Mendoza, quien mientras ejercía de embajador ante el papa Inocencio VIII había descubierto su gran erudición. El sabio italiano acompañó al español en sus campañas contra el reino nazarí, fue amigo del almirante Cristóbal Colón y después fue nombrado priorazgo de la catedral de Granada recién fundada por los Reyes Católicos. Los monarcas lo enviaron en una embajada a Egipto para interceder por los peregrinos que iban a Jerusalén y gracias a su audacia se le ascendió a deán de la catedral. Tras la muerte de la reina Isabel acompañó su cadáver hasta su sagrada sepultura. Más tarde perteneció a los consejos de Castilla y Aragón, pero durante un breve tiempo de ostracismo lo acogió el marqués de Villena y allí coincidió con Juan, que era paje del señor. Pedro Mártir le hizo amar los libros. Leyó los mejores libros de caballería como el *Amadís de Gaula,* el *Primaleón* y el *Palmerín de Inglaterra,* las obras de Fernando de Rojas y los escritos de Juan de Mena.

Lo que más echaba de menos eran las largas tertulias en el palacio con algunas de las mentes más preclaras del reino, hombres sabios y educados, pero también piadosos.

Las tripas comenzaron a sonarle y decidió ponerse en pie, colocarse el sombrero y salir a las calles. Cerca de la plaza de la Universidad se encontraban las cantinas más económicas, sus rentas eran pobres. Su hermano Alfonso le había prometido ayudarlo, pero sus constantes viajes le dificultaban el envío de dinero; había pensado en buscar trabajo en la casa del algún impresor. Deseaba aprender el oficio y prefería esforzarse en hacer planchas de páginas que en acarrear sacos de escombros o de harina. Bajó las escaleras con el optimismo que siempre acompaña a la juventud y cuando llegó a la calle y la observó detenidamente comprendió por qué era tan barato el cuarto y los peligros que suponía recorrer las malolientes callejuelas infectadas de rameras, borrachos y embaucadores. Sorteó los orines sin mancharse sus inmaculadas botas y recorrió el camino hasta cerca de la plaza de la Universidad. De repente, la pestilencia se transformó en ricos aromas a romero, carne asada, judías estofadas y pan recién horneado. Miró las cantinas por fuera; todas tenían nombres rimbombantes, pero le atrajeron los efluvios que desprendía la más apartada de todas. Entró en la callejuela, atravesó el portón de madera y el aroma del cochinillo asado hizo que sus tripas se revolvieran de nuevo.

Una joven bajita, morena y con el pelo negro como la noche lo atendió y lo sentó en uno de los pocos lugares libres. Cada parte de los largos bancos estaba ocupada, a un lado tenía un clérigo regordete que parecía en éxtasis al saborear al animal asado; al otro un albañil que llevaba en sus ropas los restos del yeso y el rojo de los ladrillos.

—¡Que aproveche! —exclamó el joven mientras se sentaba, pero ninguno de los parroquianos le respondió.

Un chico vestido de estudiante levantó la cara del plato y le sonrió.

—No esperes una gran acogida. No sé de dónde vienes, pero en esta vetusta ciudad complutense los desconocidos no son bienvenidos y menos los estudiantes.

Juan sonrió y extendió su mano.

—Juan de Valdés para serviros.

—Pedro de Mena. Ya sabrás que la Universidad de Alcalá está compuesta de muchos colegios mayores; según al que pertenezcamos así son los colores de nuestros uniformes. Yo soy del Colegio Mayor de San Pedro y San Pablo de los padres franciscanos. Estamos en la plaza de san Diego como el de San Ildefonso, pero no tenemos nada que ver con ellos. Luego están los de los gramáticos, los metafísicos y los teólogos. ¿Dónde estudiáis vos?

—Vengo para inscribirme en Derecho Canónico, pero mi verdadera pasión es Artes.

El joven estudiante tomó un poco de vino y después se dedicó a observar más detenidamente al extraño.

—La universidad no es para vos, aquí no venimos a estudiar lo que nos place, sino lo que nuestros buenos padres nos obligan. Yo mismo estoy estudiando mi quinto año de Medicina.

—¿El quinto año? —preguntó extrañado Juan a su nuevo amigo.

—Bueno, ya me entenderéis, la vida universitaria es mucho más que andar entre libros o asistir a clase. Debería haberme licenciado el año pasado, pero esta ciudad es del diablo, os lo aseguro. Yo intento disciplinarme, pero las faldas, los amigotes y el vino son mi perdición.

Juan se sorprendió por las palabras de aquel hombre. Él apenas bebía vino, no conocía mujer y nunca había tenido demasiados amigos de su edad si no contaba a su pléyade de hermanos y hermanas. Su buena madre había tenido doce vástagos, el número de las doce tribus de Israel o los doce apóstoles.

—Veo que sois nuevo en todo. Lo primero es ayudaros a inscribiros en un colegio mayor, porque, aunque no residáis allí, los profesores no atienden a los que no están inscritos y, después, si Dios me da paciencia y ayuda, os enseñaré los secretos de la ciudad.

Después de que los dos jóvenes comieran los manjares de aquella cantina, salieron a la calle. El sol menguaba sobre los tejados de los edificios de la universidad, pero aquel estudiante parecía moverse más alegremente en las sombras que en la luz. Caminaron unos minutos y se pararon frente al colegio de los franciscanos, pero al final entraron en el Santa Balbina que era donde se formaban en Artes, pero también se impartía Teología y Filosofía.

—Lo que deseáis estudiar no es una carrera, son palabras de viejos que aburren hasta a las moscas, pero vos sabréis.

El edificio estaba situado en la calle de San Pedro y San Pablo en el famoso monasterio de Santa María de Jesús, que no era muy grande, pero se decía que sus poco más de cuarenta estudiantes eran los más remilgados de Alcalá. De este colegio menor se pasaba al mayor de Santa Catalina o de los Físicos para continuar sus estudios y licenciarse.

El joven llamó con unas palmadas al ujier y este salió por una de las puertas.

—¿Queda algún escribano o se han ido ya a rezongar?

—Maese Hernán, que está a punto de marcharse.

Los dos jóvenes subieron la escalinata y entraron en el despacho sin llamar a la puerta. Un hombre delgado y vestido de negro estaba tomando su sombrero para salir a la calle.

—Maese escribano, os presento a Juan de Valdés, conquense creo y...

—Recomendado por el marqués de Villena.

El hombre arqueó las cejas y se sentó de nuevo con cierto fastidio, tomó los datos del joven y después le entregó una hoja con su matrícula.

—Espero que seáis mejor alumno que vuestro amigo; pasó por aquí dos años, pero en cuanto se fue al colegio mayor y probó las mieles del pecado ya no volvió a ser el mismo.

—No seáis malicioso. ¿Qué va a pensar mi nuevo amigo?

Los dos jóvenes se retiraron felices. Juan iba a enfilar en dirección a su pensión, pero Pedro lo tomó del brazo y le dijo:

—¡Dejad que os enseñe Alcalá, pardiez!

Los dos regresaron a la plaza de la Universidad y se encaminaron sus pasos cerca de la calle en la que se alojaba. Pedro atravesó un callejón con un arco y después entró por una callejuela hasta lo que parecía una calle sin salida. Juan se estremeció; su hermano le había advertido sobre los estudiantes que vivían de timar a otros y de los falsos educandos que se hacían pasar por lo que no eran para estafar y robar. Al final del callejón había una puerta casi imperceptible; llegaron hasta ella y llamaron. Apareció un enano que sonrió al ver a Pedro.

—¿Vienes a jugar o a conocer?

—Lo que tercie la noche, pero hoy estoy sirviendo de guía a mi nuevo amigo. ¿Está Andrés?

—Como siempre, el amo nunca deja de supervisar su casa.

Entraron en el oscuro local en el que se practicaba la nefanda afición al tabaco que comenzaba a traerse de América. El aire era tan denso que hizo toser al joven.

—No os preocupéis, ya os acostumbraréis.

Sortearon las mesas donde se jugaba a los naipes y a los dados hasta el fondo, donde un hombre de barriga prominente y larga barba pelirroja platicaba con otros vecinos.

—Don Andrés, le presento a mi amigo Juan de Valdés, nuevo estudiante de nuestra amada universidad.

El hombre inclinó levemente la cabeza, señaló dos sillas y les indicó que se sentasen.

—Siéntense señores. Imagino que como estudiante necesitaréis dinero; yo me dedico a muchos oficios y los estudiantes que me hacen ciertos favores reciben un salario.

Juan se sentía cada vez más incómodo.

—¿Favores, decís?

—No os preocupéis, la cara es el espejo del alma, en vos no veo maldad. Algunos de los trabajos son más sencillos que los de Ulises, os lo aseguro.

—Había pensado trabajar en una imprenta; es un oficio que me agrada.

—Vendedores e impresores de libros siempre son un buen negocio en una ciudad universitaria, pero aún mejor son la venta del vino y el tabaco. El hombre tiene inclinación al vicio y yo me encargo de satisfacer esas necesidades que la iglesia niega.

—Lo entiendo, pero no creo que sea vuestro hombre —dijo mientras intentaba ponerse en pie.

—Justo nadie podría hacerlo mejor que vos. En la entrada de la ciudad están los funcionarios que inspeccionan y cobran impuestos a las mercancías. Si conducís los carros con el vino y el tabaco escondidos para que nos ahorremos los impuestos os llevaréis una buena paga.

Juan dudó por unos instantes.

—Eso es mentir y engañar.

—No, simplemente le entregaréis el inventario y ellos lo firmarán. No hace falta que abráis la boca.

—Entiendo.

—Os daré ocho mil maravedíes, es lo que gana un criado en todo un año de trabajo. Traigo dos cargamentos al mes; podéis vivir a cuerpo de rey mientras estéis en Alcalá.

—¿Por qué queréis que sea yo? Al fin y al cabo, no me conocéis.

—Pedro tiene buen ojo para estas cosas. Sois honrado, algo difícil de encontrar en estos tiempos que corren.

—Lo pensaré —dijo Juan mientras se ponía en pie. Después se dirigió a la salida y Pedro lo alcanzó antes de que saliera.

—Os acompaño.

—No hace falta.

—Insisto, estas calles no son muy seguras por la noche.

Juan volvió a negar con la cabeza, estaba sudando y sentía un fuerte dolor en las sienes. Atravesó la callejuela y se dirigió hasta la principal. No había caminado unos pasos cuando dos desconocidos lo pararon en seco.

—¿Dónde va este bachiller?

Juan intentó esquivarlos; no portaba espada, aunque sí sabía manejar el pequeño cuchillo que escondía en la pernera.

—¡Dejadme pasar! He tenido un día muy largo.

—¡Pues si no queréis acortar la vida, dadnos la bolsa! —le gritó uno de los hombres.

Los ladrones sacaron dos puñales largos y lo amenazaron. Juan estaba a punto de intentar defenderse cuando Pedro llegó en su auxilio. Desenvainó su espada y la colocó en el cuello del que parecía llevar la voz cantante.

—¡Ni se os ocurra! ¡Este es mi amigo y está bajo mi protección! ¿Entendido?

Los dos hombres guardaron sus armas y salieron a toda prisa.

—Querido Juan, ya os lo advertí, el mundo está lleno de peligros y yo puedo protegeros.

—¿Protegerme? Me habéis presentado a un bandolero.

—Estáis equivocado; don Andrés es un hombre de negocios, pero los impuestos lo ahogan.

—Por eso vende perdición a otros más ingenuos que él.

—Cada uno hace lo que puede para sobrevivir. Creo que habéis estado viviendo mucho tiempo en algún lugar apartado, donde no rigen los rigores de la ciudad, aquí solo sobrevive el más fuerte.

—Pues me encomiendo a Dios, que Él es más fuerte que ambos.

—Pues, que Dios os guarde.

—Eso espero.

Juan caminó deprisa hasta la puerta de su pensión, entró y subió a su cuarto. Prefería no cenar nada; la comida del mediodía se le había indigestado. Se tumbó en la cama y se echó a llorar.

Después recordó lo que había pasado en Escalona y cómo aquellos inquisidores habían destruido la sociedad perfecta de buenos cristianos que estaba creando el marqués. El mundo era un lugar abominable y únicamente podía refugiarse en Dios; Él era el único que conocía su destino y que podía protegerlo del mal.

CAPÍTULO 2

Un encuentro

*«Aquel que fue la causa de tal daño, a fuerza
de llorar, crecer hacía este árbol que con
lágrimas regaba».*
GARCILASO DE LA VEGA

Alcalá de Henares, 19 de septiembre del año de nuestro Señor de 1525

EL COMIENZO DE JUAN DE Valdés no podía haber sido más nefasto, pero la ventura del conquense estaba a punto de cambiar. Unos días después de su llegada a Alcalá de Henares logró comprar su uniforme y comenzó a asistir a las clases con regularidad. Su profesor era un hombre sencillo, pero de gran erudición que lo introdujo en las ideas del famoso Erasmo de Rotterdam. A veces le recordaba a Pedro Mártir de Anglería y en otras, cuando sus ojos se encendían por la pasión que destilaba por los cuatro costados, recordaba a Pedro Ruiz de Alcaraz, al que las autoridades habían detenido unos años antes por su predicación en contra de algunos dogmas de la Iglesia. Cuando terminó la clase, dos compañeros, Ruiz y Maldonado, lo acompañaron al comedor de estudiantes. La comida no era tan sabrosa como en otros lugares, pero al menos era mucho más barata.

—Me encantan las clases del maestro Gonzalvo; creo que es uno de los mejores profesores de Alcalá. Corren rumores de que es amigo de Erasmo.

Juan de Valdés miró sorprendido a los dos nuevos amigos.

—¡Increíble! ¿Habéis leído *Stultitiae Laus?* Siempre me ha encantado ese texto, comienza como lo haría el gran escritor griego Luciano de Samósata, con una loa a la locura. La crítica a la Iglesia es mordaz pero ajustada, solo hay que ver a los prelados para darse cuenta de que además de ignorantes son vanidosos, glotones y avariciosos.

Los dos compañeros de Juan lo observaron con cierta cautela; no era para nada aconsejable hablar así de la fe católica. La Inquisición tenía oídos en todas partes y desde que la herejía de Lutero se extendía por doquier, tras rechazar el perdón del emperador y del papa, era mejor no meterse en problemas.

—¿No seréis luterano? —preguntó Ruiz.

—¡No, pardiez! Soy cristiano, pero Dios nos dio la facultad de discernir entre el bien y el mal. Debemos juzgar las profecías como dice el apóstol Pablo en la primera epístola a los Corintios.

Maldonado frunció el ceño.

—No somos del grupo de los teólogos.

Juan bajó la mirada y comenzó a comer con más presteza. Sabía que tenía un don para meterse en problemas. Se había criado en la corte del marqués de Villena y allí, en su hermoso palacio en Escalona no se hablaba de nada más que de teología, pero sin duda el pequeño paraíso que el marqués había intentado crear ya no existía. Todos fueron acusados de judaizantes y varios de ellos encarcelados.

Tras el almuerzo, Juan se refugió en la biblioteca, donde pasaba la mayor parte de las tardes. Un día vio a una mujer que estaba leyendo en una mesa cercana. Se sorprendió, pues no era nada normal ver a una dama entre libros.

—Es la hija de Nebrija, Francisca, lleva la cátedra de Retórica hasta que venga algún hombre a sustituirla —le dijo un estudiante que tenía al lado.

Juan no salía de su asombro; había escuchado de Beatriz Galindo que había sido maestra de la reina Isabel y sus hijas, pero le sorprendió ver a una mujer enseñando en la universidad.

—Sus clases están abarrotadas —señaló el desconocido.

—¿Cuándo las imparte?

—A primera hora de la mañana; si queréis escucharla tendréis que madrugar.

Juan continuó con sus lecturas, pero ya no se pudo quitar de la cabeza la curiosidad que sentía hacia aquella mujer.

Al día siguiente salió a primera hora y se puso en primera fila para escuchar a la profesora. Unos minutos más tarde, la inmensa sala se encontraba abarrotada, la mayoría eran hombres, pero también había algunas mujeres.

—Bienvenidos, queridos amigos y hermanos de la vida. Ayer nos quedamos hablando de Aristóteles; su famoso *Ars Rhetorica* ha tenido una gran influencia histórica, pero también ha encorsetado a los hombres durante siglos. Es muy humano que divinicemos los elementos y nos olvidemos del creador, de cuál era el espíritu con el que hizo las herramientas que usamos habitualmente. La Retórica del gran Aristóteles no fue pensada para ser leída, más bien era una colección de apuntes de sus alumnos. Los maestros griegos daban más importancia que nosotros a la oralidad, tan atados a lo escrito como si las prensas de la imprenta hubieran encerrado las ideas y no permitieran que fluyeran libres en el aire. El inmortal Platón veía la Retórica como un arte inmoral, indigno y peligroso, ya que más que buscar la verdad lo único que pretendía era persuadir a los oyentes. En su famoso libro *Gorgias* lo expresa de manera magistral, aunque en su diálogo de *Fedro* parece que el maestro griego había moderado algunas de sus consideraciones. Los sofistas, que tanto abundaron entre los siglos IV antes de nuestro Señor hasta el siglo V después de su venida, ensombrecieron el más noble arte que Dios le ha concedido a los hombres, que no es otro que el de persuadir a los hombres de los errores y aciertos para que corrijan su camino. Sabemos que el libro de la Retórica lo escribió Aristóteles durante su estancia en Atenas, mientras enseñaba en la Academia y más tarde cuando fundó su Liceo. El gran filósofo griego temía que la enseñanza de la retórica fuera utilizada para la manipulación del pueblo. Hombres como Isócrates o Gorgias utilizaban sus argumentos para su propio beneficio o con el fin de recibir prebendas de los poderosos de su tiempo. Mi amado padre Antonio siempre me decía: «Hija, si los simples han de ser manipulados, que al menos lo sean por los más justos y buenos de los hombres».

Todos echaron una carcajada.

—Platón vio en el arresto del mismo Sócrates los resultados nefandos de la retórica populista y el control que los poderosos ejercían sobre los plebeyos. Por eso, Aristóteles siempre afirmaba que la Retórica es el contrapunto de la Dialéctica. Mientras que la Lógica se ocupa de las certezas científicas ya que se apoya en la razón, la Retórica y la Dialéctica, en cambio, son el mejor instrumento para el debate filosófico. La Filosofía siempre se mueve en las tierras pantanosas de lo probable y con ello la resolución de asuntos mundanos. No voy a desgranar los entresijos del libro de Aristóteles, lo tienen en la biblioteca y es mucho más productivo que lo investiguen ustedes mismos. Únicamente apuntaré en esta mañana un breve comentario del libro segundo. En esta parte, Aristóteles defiende, con mucha inteligencia, por cierto, que las emociones de los hombres son las que hacen que los hombres cambien de opinión. Nos gusta pensar que somos seres racionales, pero me temo que somos más bien seres emocionales. Por ello, la razón siempre es un estímulo para mover nuestras emociones, pero para no caer en la manipulación, el orador debe usar la virtud, la sabiduría y la buena voluntad. Sin duda el mayor ejemplo de una retórica virtuosa fue nuestro Señor Jesucristo y mañana hablaremos de Él en clase. ¡Que paséis un buen día!

Francisca bajó de la tarima y Juan sintió el impulso de acercarse hasta ella para conversar. Se quedó detrás de un grupo de admiradores y cuando estuvo completamente sola se detuvo frente a ella.

—¿Qué deseáis, caballero?

Juan se puso pálido, no lograba que sus labios respondieran.

—Bueno, quería, me temo que…

La mujer comenzó a reír y Juan se relajó un poco.

—Arrancad, no tengo todo el día.

—Me gustaría que pudiéramos vernos y hablar.

—Es muy galante por vuestra parte, pero el único hombre que permito que me corteje es Aristóteles —comentó con una sonrisa.

Juan se puso rojo, pero logró articular una contestación.

—No pienso en cortejaros, soy nuevo en Alcalá y me ha deslumbrado su gran capacidad de oratoria. Me crie escuchando a Pedro Ruiz de Alcaraz.

El rostro de la mujer se transformó al instante, miró a ambos lados y apartó al joven hasta la ventana.

—No pronuncies ese nombre en alto. ¿Queréis que todos terminemos en una de las cárceles secretas de la Inquisición?

—Lo lamento.

—La Inquisición ha atrapado a todos los mal llamados «iluminados» y está prohibido expresar y enseñar sus doctrinas. ¿De dónde diablos venís vos?

—Bueno, me crie en Escalona, en la corte del marqués de Villena.

Francisca tomó del brazo al hombre y los dos salieron del aula.

—Salgamos de Alcalá y cuando nos veamos libres de curiosos me contaréis todo lo acontecido allí.

———————

Pedro Ruiz de Alcaraz miró a sus acusadores y después comenzó a rezar para sí mismo. Los dos monjes vestidos con hábitos negros parecían furiosos ante la indiferencia de aquel maldito criptojudío.

—No vamos a preguntaros más veces; tenéis en vuestra mano salvar la vida y la honra, pero si continuáis protegiendo a esos herejes seréis llevado a la hoguera; y sabe Dios que no mentimos.

—Yo no soy un hereje; lo único que he predicado es lo que dice Dios por medio de la Biblia. Si me demostráis que estoy equivocado no dudaré en rectificar porque no hay nadie que desee más que yo servir a nuestro Señor.

—Despreciáis los sacramentos, fomentáis la rebelión contra las jerarquías eclesiásticas, negáis la autoridad del papa. ¿Acaso no son estas las doctrinas de un hereje? —le preguntó el mayor de los frailes, cuyo rostro cadavérico habría asustado al mismo Satanás.

—Yo me sujeto al amor de Dios, por su gracia soy salvo…

—Esos son errores luteranos.

Alcaraz frunció el ceño y negó con la cabeza.

—Jamás he leído nada de ese hombre. Lo único que sé es que por la gracia de Dios lo soy todo, lo que hago bien es por su gracia no por mis méritos. Esto no significa que no peque, mi naturaleza humana sigue intacta. Dios es la verdadera libertad, todo lo demás es esclavitud del pecado.

El fraile más joven lo abofeteó y gritó fuera de sí:

—¡Blasfemas, maldito judío!

—No soy judío —contestó mientras el labio inferior le comenzó a sangrar copiosamente—, pero mis abuelos sí lo eran. El mismo Jesús era judío nacido en Belén.

El anciano comenzó a tirarse de la barba como si no pudiera soportar aquellas palabras.

—Probarás el potro y ya verás cómo confiesas y denuncias a tus cómplices.

Los dos hombres salieron de la sala en penumbra, únicamente alumbrada por unas pocas velas y Alcaraz comenzó a llorar y a suplicar a Dios.

—¡Llévame contigo!¡No permitas que tome esta copa amarga! No sé si podré resistir mucho más.

El hombre se puso las manos en las sienes y, de repente, una paz inexplicable comenzó a llenar su corazón. Los dolores parecieron mitigarse, el corazón empezó a calmarse y el espíritu miró de nuevo a Dios.

—Pero, hágase tu voluntad, Dios, pues solo tú sabes lo que conviene al hombre.

CAPÍTULO 3

Las ideas del holandés

«La filosofía es una meditación de la muerte».
ERASMO DE ROTTERDAM

Alcalá de Henares, 19 de septiembre del año de nuestro Señor de 1525

FRANCISCA DE NEBRIJA CAMINÓ JUNTO a Juan de Valdés un buen trecho sin decir palabra; después se pararon junto al río y observaron a los arrieros que llevaban las mercancías a la ciudad.

—Siempre he pensado que los seres humanos somos esclavos de nuestros propios avances. Hemos corrompido a la naturaleza y la hemos doblegado hasta adaptarla a nosotros, pero no hay nada que repose más el alma que un paseo por el campo. Mi padre siempre me lo decía, sobre todo cuando pasaba horas enteras delante de los libros. En aquella época no lo entendía: para mí las páginas de un códice eran más valiosas que mil bosques frondosos, ahora sí lo entiendo. Ya sabéis que soy de las pocas mujeres a las que se les ha concedido una cátedra, aunque sea provisionalmente;

amo la enseñanza e impartir Oratoria, pero como decía el sabio Salomón: «Vanidad de vanidades todo es vanidad...».

—*Verba Ecclesiastae, filii David, regis Jerusalem.*

Vanitas vanitatum, dixit Ecclesiastes; vanitas vanitatum, et omnia vanitas.

Quid habet amplius homo de universo labore suo quo laborat sub sole?

Generatio praeterit, et generatio advenit; terra autem in aeternum stat.[1]

Francisca tradujo aquellos versículos al español:

—Palabras del Predicador, hijo de David, rey en Jerusalén.

Vanidad de vanidades, dice el Predicador; Vanidad de vanidades, todo es vanidad.

¿Qué provecho recibe el hombre de todo el trabajo con que se afana bajo el sol? Una generación va y otra generación viene, pero la tierra permanece para siempre.[2]

—Manejáis bien el latín —comentó Francisca al joven.

—Tuve buenos maestros.

—Contadme todo lo acontecido en Escalona, en la casa del marqués de Villena —le pidió ansiosa.

—El marqués de Villena es uno de los hombres más justos y nobles que he conocido. En la corte los reyes le demostraron siempre su afecto. Fue maestre de la Orden de Santiago, estuvo del lado de Juana la Beltraneja durante la guerra civil en Castilla, y fue luego un fiel vasallo de los Reyes Católicos, lo que no le impidió buscar con todo ahínco la verdad y para

---

1 Vulgata Latina.
2 Nueva Biblia de las Américas. Eclesiastés 1:1-4.

ello invitar a su corte a los hombres y mujeres más ilustres de su tiempo.

Francisca parecía fascinada con el relato del joven estudiante. Su padre Antonio le había hablado mucho sobre el marqués.

—¿Conocisteis también a Isabel de la Cruz?

Juan sonrió. Lo halagaba que aquella mujer tan sabia tuviera interés en sus humildes palabras.

—Sí, Isabel de la Cruz, cuando estaba en el castillo pasó una temporada con nosotros. Recuerdo cómo nos contaba que desde niña anheló tener experiencias místicas, cansada de las prácticas externas de la religión. ¿Sabéis que era una beata sujeta a la regla franciscana? Hace unos años fue denunciada por su criada a la Inquisición, pero logró salir del proceso sin una condena firme.

—Mi padre la conoció; de hecho, el provincial de la Orden de los Franciscanos le prohibió que recibiese a estudiantes y profesores de esta universidad.

Juan no parecía sorprendido.

—La elocuencia de esta mujer era legendaria, pero sobre todo su devoción. Ahora está enfrentándose a un nuevo proceso inquisitorial, el mismo que Alcaraz. El origen es la división entre *dexados* y alumbrados. El marqués no quería que el movimiento religioso recibiera ningún nombre, ya que él se consideraba un sincero cristiano.

—Gran hombre este noble español. Ahora os pido una cosa.

Juan la miró intrigado.

—No habléis de esto con nadie: los ojos y oídos de la Inquisición se encuentran por todas partes, yo misma estoy vigilada por el simple hecho de ser mujer y atreverme a enseñar a hombres. Los inquisidores se apoyan en las afirmaciones del apóstol Pablo a Timoteo, sin entender que el apóstol estaba hablando de un caso específico, ya que la ciudad de Éfeso estaba dominada por varias sacerdotisas y algunas intentaban introducirse en la iglesia para dominarla y transmitir sus enseñanzas falsas y sensuales, pero el hombre siempre pone a Dios como excusa para imponer sus maquinaciones.

—Entiendo.

—A cambio os presentaré a un hombre singular; no se encuentra con nosotros, pero sí más cerca de lo que pensáis.

—¿De quién se trata? —preguntó intrigado.

—De Erasmo.

—¿Erasmo de Rotterdam?

—El mismo. El holandés era un gran amigo de mi padre. Llevo años escribiéndole y estoy segura de que estará interesado en conoceros.

Juan parecía lleno de dicha. Si su comienzo en la ciudad había sido difícil, ahora parecía que hasta las puertas del cielo se le abrían de par en par.

—Sería increíble, llevo dándole vueltas a un proyecto desde hace un año, pero hasta ahora no me había visto capaz de llevarlo a cabo; en cambio, con los consejos de Erasmo sin duda lo llevaré a buen puerto.

La pareja se dirigió de nuevo a la ciudad. A medida que se acercaban, los lejanos edificios parecían devorarlos, como si al entrar entre sus angostas calles estuvieran inconscientemente renunciando a su libertad. Esa es la gran condena de los hombres, que deben pagar con su vida y su libertad para adquirir las mieles de la fama, la fortuna y el reconocimiento de sus semejantes.

CAPÍTULO 4

Hermano y familia

*«Hijo, ya sé que no te veré más; procura ser
bueno y Dios te guíe; criado te he y con buen amo
te he puesto, válete por ti».*
TEXTO DEL LAZARILLO DE TORMES

Alcalá de Henares, 29 de septiembre del año de nuestro Señor de 1525

LA MONOTONÍA SIEMPRE ES UN regalo de la vida. En muchas ocasiones los hombres ambicionan que su existencia se torne emocionante, pero esto siempre suele ser a costa de muchas desdichas. Los sinsabores, los peligros y las tragedias hacen más emocionante y entretenida la vida, pero la jalonan de obstáculos y sufrimientos. Juan ya había tenido que abandonar a su familia, escapar de las manos de la Inquisición y ocultarse de Pedro de Mena y sus peligrosos amigos, pero su vida no dejaba de ser aburrida y monótona comparada con la existencia de su hermano mayor Alfonso.

Alfonso era uno de los secretarios del emperador Carlos, en concreto escribía las cartas latinas. Secretamente sus ideas se acercaban al que se había convertido en el más certero enemigo de Carlos V, Martín Lutero. Carlos había sido criado bajo el influjo de las ideas de Erasmo de Rotterdam, quien siempre había deseado una reforma moral y doctrinal de la Iglesia. Uno de los mejores amigos del emperador era Adriano de Utrecht, que fue su maestro y también uno de los más fervientes seguidores de Erasmo. Alfonso había observado cómo Carlos se había separado paulatinamente de las enseñanzas del holandés por el odio que sentía hacia Lutero y sus seguidores que tantos problemas le estaban ocasionando en Alemania. A pesar de todo, Alfonso y otros consejeros seguían pidiendo al emperador que convocara un concilio que, aunque era prerrogativa del papa, el emperador podía propiciarlo.

Alfonso se carteaba con la flor y nata de la intelectualidad del momento. Además de Erasmo de Rotterdam, era amigo de Maximiliano Transilvano, de Juan Dantisco o de Pedro Juan Olivar. Por eso cuando llegó a Alcalá muchos profesores intentaron verle, aunque fuera brevemente.

Alfonso llegaba a la ciudad con la intención de animar a su hermano, que sabía que estaba algo desanimado al encontrarse lejos de la familia.

Cuando el hermano mayor entró en la pensión se quedó horrorizado. Jamás había imaginado que Juan viviría en esas condiciones. Alfonso le mandaba una renta, pero al no poder hacerlo de forma sistemática, su hermano había preferido gastar lo menos posible.

—¡Hermano! —exclamó el joven al verle cruzar el umbral, y acto seguido se sintió avergonzado por la pobreza de su cuarto.

—¡Querido Juan! El emperador me encomendó una misión en Valladolid y ya que me encontraba en Castilla no dudé en venir a visitarte.

—¡Cuánto me alegro!

—¿Cómo te van todas las cosas?

Juan sonrió antes de contestar; ya se había adaptado casi por completo a la ciudad, sobre todo al convertirse en uno de los amigos íntimos de Francisca de Nebrija.

—Bueno, esto no es Escalona, pero imagino que todos necesitamos salir de casa para madurar. He conocido a la hija del famoso Antonio de Nebrija y ella me ha presentado a tu amigo Erasmo; ya he recibido una carta suya.

Alfonso miró complaciente a su hermano; sabía que detrás de esos ojos picarones y su tendencia a meterse en problemas había una mente brillante.

—Una moza.

—No se trata de eso, ella es mayor que yo. Lo nuestro es una unión intelectual.

Lo cierto era que, de todos los hermanos, apenas media docena se había casado. La mayoría vivía una especie de celibato autoimpuesto, más centrados en sus trabajos o en sus vidas interiores que en el amor. Sus padres siempre los habían criado con cierta inclinación a lo místico.

—Amor platónico —comentó el hermano mayor. Juan se ruborizó, pero ambos se limitaron a salir de aquel cuchitril y se fueron a comer.

—¿Cómo van los asuntos del emperador?

—Ya puedes imaginar, muy entretenido con la guerra contra su primo Francisco en Italia. A mí me ha encomendado que recorra la mayoría de las ciudades de España para supervisar que los cambios que está imponiendo se cumplen, pero los problemas no han terminado con la derrota de los comuneros, son muchos los que no entienden que la visión de nuestro césar va más allá de las Españas: él quiere crear un «imperio cristiano», para que todo el orbe esté regido por la mano de Dios.

—Te veo muy unido a tu señor —comentó Juan. Sabía que Carlos parecía contrario a todas las nuevas ideas desde su enfrentamiento con Lutero y le extrañaba que Alfonso ahora solo viera por los ojos del emperador.

Alfonso no contestó. En lo profundo de su corazón vivía en un mar de dudas. Siempre había querido servir a Dios antes que a los hombres, pero debía ganarse el pan, además de intentar lavar el nombre de los Valdés, ya que su padre y su tío habían sido acusados de herejes unos años antes. No era sencillo vivir con el peso de una ascendencia judeoconversa. No importaba lo buenos cristianos que fueran, la sociedad siempre los vería como sospechosos de impiedad.

—Bueno, Jesús nos dijo que no podemos servir a dos señores, porque amaremos a uno y aborreceremos al otro. No se puede servir a Dios y al mundo, pero mi trabajo es traducir cartas y supervisar que las órdenes se cumplen y, por ahora, hago ambas cosas con la mayor de las prestezas.

Juan no quiso ahondar más, se limitó a preguntar por gente conocida y después ambos salieron a caminar para digerir mejor la comida.

—Voy a comenzar mi proyecto.

Alfonso miró con cierta sorpresa a su hermano.

—¿Estás seguro de que es buena idea? Ahora la Inquisición está muy activa y quiere atajar la expansión de la secta luterana. Hasta Erasmo está siendo cuestionado.

—Los cristianos tenemos que conocer la doctrina; precisamente eso es lo que nos puede proteger y mantenernos dentro de la ortodoxia.

Su hermano no parecía muy convencido.

—La Iglesia es la única fuente de verdad y doctrina. No le gusta que los laicos nos metamos en sus asuntos y mucho menos sin haber estudiado teología antes.

—Ya conoces a nuestros maestros.

Alfonso se paró y colocó sus manos sobre los hombros del joven.

—Ten cuidado Juan. La sospecha ya está sobre nuestra familia; llevo tiempo intentando limpiar nuestro apellido, pues tenemos muchos enemigos.

—Dios es el que nos guarda y defiende. ¿Qué importa lo que pueda hacernos el hombre?

Alfonso admiraba la fe de su hermano, aunque su posición era mucho más sencilla. Él todavía estaba formándose y desconocía los rudimentos del mundo. En la etapa estudiantil era sencillo tener nobles ideales, pero algo muy distinto era lidiar con las cosas de la vida y mantenerse fiel a la propia conciencia.

—Solo puedo decirte que rezaré por ti, seguiré apoyándote hagas lo que hagas. Dios es el que nos cuida y guarda.

Los dos hermanos se abrazaron, el otoño parecía querer robar al verano la vida abundante y los largos días de sol; la muerte parecía cernirse sobre el mundo, mientras las hojas de los árboles se desplomaban sobre un suelo frío y endurecido por las heladas y la lluvia. Alcalá era el mejor lugar del mundo para aprender, pero también un lugar propicio para perderse y alejarse de la recta senda. Juan era consciente de ambas cosas, pero estaba a punto de enfrentarse a peligros que jamás había imaginado.

CAPÍTULO 5

El impresor

«Una habitación sin libros es como
un cuerpo sin alma».
Marco Tulio Cicerón

Alcalá de Henares, 15 de noviembre del año de nuestro Señor de 1525

JUAN DEDICÓ TODAS SUS TARDES a su proyecto, a veces lo compartía con Francisca y en otras ocasiones se limitaba a leer en voz alta sus avances.

Eusebio, Antronio, cura, Arzobispo

Arzobispo.— Vuestro santo celo con que deseáis, hermanos míos, saber estas cosas que habéis propuesto, me parece tan bien que no puedo dejar de alabároslo y asimismo teneros en mucho el trabajo que habéis tomado en venirme a buscar por maestro y guía de vuestro buen deseo; y aunque yo no posea tanta suficiencia y experiencia como convendría para satisfaceros, tengo buena esperanza en la suma bondad y magnificencia de Dios, que viendo los deseos que tenéis de saber, y también la buena voluntad que tengo de satisfaceros, dará entendimiento y saber a mi corazón y abrirá mi boca para satisfacerme a mí y a vosotros. Pues esto mismo hizo en otro tiempo con muchos profetas y personas de bajo y humilde entendimiento, y también prometió que Jesucristo, Nuestro Señor, se hallaría presente en nuestras pláticas todas las veces que nos juntásemos dos o tres en su nombre; así que, habiéndonos juntado aquí nosotros en su nombre, de creer es que Él asistirá a nuestras pláticas y con su espíritu alumbrará nuestros corazones para que lo que aquí habláremos sea para gloria de su santísimo nombre y edificación, no solamente de nuestras almas, sino de las de aquellos que nos tienen las suyas encomendadas. La manera sea esta: para que más a vuestro placer se haga, que vosotros me preguntéis todo lo que deseáis saber, y yo os responderé según Dios me diere sabiduría y entendimiento.

Eusebio.— Lo uno y lo otro ha dicho vuestra señoría cristianamente y muy bien.

Arzobispo.— No cures ahora de esas señorías, que pues estamos aquí solos, no quiero que me habléis vosotros con más cortesía que yo a vosotros.

Eusebio.— También me contenta eso que decís ahora, como lo que dijisteis antes; y pues así es, yo quiero dejar al cura que pregunte, y sobre lo que él preguntare repreguntaré yo, si algún escrúpulo me quedare.

Antronio.— Muy mejor será que vos preguntéis, pues lo sabréis mejor hacer que yo, conforme a lo que vos deseáis saber, y yo os he comunicado, porque de esta manera yo quedaré más satisfecho y mejor instruido.

Eusebio.— Sea como mandareis: yo huelgo de hacer lo que queréis; y pues tengo de empezar, quiero levantar la plática desde el principio de la cristiandad, porque con la gracia de Dios la traigamos al fin; y pues así es, decidnos primeramente por qué nos llamamos con este nombre de cristiano y de dónde tuvo principio.

Arzobispo.— Llamámosnoslo, porque así como antiguamente de Israel se llamaron israelitas los que eran del linaje de Israel, así es razón que nosotros, de Jesucristo, nos llamemos cristianos, pues tenemos fe en Él. Donde este nombre primero se puso fue en Antioquía. La causa fue esta: que viendo los Apóstoles que crecía el número de los que se allegaban a su predicación, parecioles que era bien que todos los que confesasen la fe de Jesucristo y guardasen la ley evangélica de Cristo se llamasen cristianos.[1]

—¿Qué os parece? —preguntó Juan a Francisca.

—Me gusta mucho el tono y que hayáis puesto el nombre de mi padre a uno de los personajes.

—¿Os distéis cuenta?

—Sí, claro, aunque lo que me preocupa es que el diálogo se haga en boca de un arzobispo. Eso puede enfadar a la jerarquía.

---

1 Texto original de Diálogo de Doctrina Cristiana de Juan de Valdés. Acceso libre en: http://www.iglesiareformada.com/Valdes_Diálogo_1.html

Juan se quedó pensativo. Francisca tenía razón, pero la intención que tenía con aquel escrito era enseñar las doctrinas básicas al pueblo, que apenas conocía algunos de los rudimentos de la fe.

—Un pueblo sin enseñanza ni visión perece, tenemos que instruirlo para que sean buenos cristianos. A veces se cree que con el bautismo y la confesión es suficiente, pero me he encontrado con decenas de personas que no saben ni el padrenuestro ni los diez mandamientos. ¿Cómo no van a caer en tentación si lo ignoran todo de la fe?

La maestra de Retórica sabía que su nuevo amigo tenía razón, pero por desgracia meterse en cosa de teología era cada vez más peligroso.

—Mi padre siempre me decía que el infierno estaba lleno de teólogos, aunque lo peor es que las mazmorras de la Inquisición también. La institución se instauró en Castilla para vigilar a los judeoconversos, pero al final se ha convertido en una manera de controlar todo tipo de disidencia. Los temas de la fe y los mundanos están tan unidos que casi cualquiera puede ser acusado de herejía.

Juan se mesó su barba incipiente, ya que apenas le salía algo de vello en el mentón y el bigote.

—Publicaré el libro con un seudónimo o de forma anónima.

—Eso está mejor, aunque a los inquisidores no les costará demasiado descubrir al autor si encuentran al impresor.

—En la vida, querida amiga, podemos actuar de forma indolente con el mundo, pero Dios nos pedirá cuenta de ello, ya que es tan malo hacer el mal como no hacer el bien que sabemos.

Francisca lo miró complacida: nunca había conocido a un joven tan valiente e inteligente, aunque pecaba de ingenuo si creía

que un libro podía cambiar el mundo. La mayor parte de los vecinos de Alcalá no sabían leer ni escribir y las cosas no eran mucho
mejor en el resto del reino.

—Si Dios os lo manda, quién soy yo para impedirlo. Os ayu-
daré con las correcciones y os mostraré también mis opiniones,
si os sirven de algo.

Continuaron el resto del día corrigiendo la parte terminada
del libro y pergeñando los próximos párrafos y pasos a seguir. Era
importantísimo encontrar al impresor adecuado.

Unos días más tarde Francisca llevó al joven Juan hasta la
imprenta de Miguel de Eguía; la profesora conocía al impresor que
había publicado la mayoría de las obras de Erasmo de Rotterdam.

Miguel de Eguía era uno de los mejores impresores de Castilla.
Había aprendido el oficio de su suegro Arnao Guillén de Brocar en
Logroño; desde allí había creado una red de imprentas en varias
ciudades y sus empresas tenían el beneplácito real, por lo que era
la mejor opción para sacar un libro como el de Juan. Nadie se iba
a meter con uno de los impresores de la monarquía.

El taller de Miguel de Eguía en Alcalá era enorme. La parte
delantera tenía un mostrador con algunos ejemplares de sus ediciones, y en la parte trasera se encontraban los talleres que nutrían
a la ciudad universitaria de todos los libros impresos. Francisca de
Nebrija le pidió a un ayudante que avisara a Miguel de su llegada.

A los pocos minutos apareció un hombre grande, barbudo y
con una sonrisa benéfica.

—Querida Francisca, ¡qué dicha volver a veros! ¿Estáis buscando algún nuevo ejemplar de Oratoria o Retórica?

—No, maese Miguel, quiero presentarle a un amigo, pero será
mejor que busquemos un lugar más discreto para charlar.

Los tres se dirigieron al despacho en la planta primera; allí guardaba el impresor sus mejores tesoros.

Juan se quedó mirando los libros de las estanterías y Miguel lo observó algo molesto.

—No los toque, por favor.

El impresor era muy celoso de su hermosa biblioteca. Algunos de los libros estaban prohibidos por la Inquisición y otros eran primeras ediciones muy valiosas.

—Lo siento —dijo el joven mientras se apartaba como si lo empujara un resorte. Los tres se sentaron y Miguel examinó al joven de arriba abajo.

—Mi amigo es Juan de Valdés, hermano de Alfonso de Valdés, uno de los secretarios del emperador. Se crio en la corte del marqués de Villena —dijo la profesora. Aquel detalle pareció interesar especialmente al impresor.

—El marqués siempre ha sido uno de nuestros mejores clientes. Lamento mucho la persecución que se ha desatado contra algunos de los miembros de su casa. Todos creíamos que el emperador, educado por el mismo Erasmo, sería un amante de las letras y de las nuevas ideas, pero desde hace un tiempo no hace más que reprimirlas.

—Es como un padre para mí.

Miguel suavizó el gesto y se echó hacia delante.

—¿Cuál es el asunto que os trae a mi humilde morada?

Francisca se adelantó a las palabras de su amigo que se quedó con la palabra en la boca.

—Juan está escribiendo un catecismo. Ya sabéis que es una palabra que viene del griego *katēchismós* y significa instruir, la idea es hacer un compendio de doctrinas cristianas para enseñar a la gente humilde.

—Pero, eso es algo peligroso —comentó el impresor—. Ya sabéis que todo libro sobre religión ha de ser aprobado por la Iglesia, además de ser escrito por un doctor aprobado por la curia.

—Eso es cierto, pero este compendio es meramente pedagógico, no hay especulación teológica. Simplemente se exponen las doctrinas básicas del cristianismo —le explicó Juan.

—Ya, pero desde que Martín Lutero comenzó con sus herejías, la vigilancia de la Inquisición se ha redoblado, de hecho, ni siquiera se están permitiendo algunos libros devocionales muy inocentes.

Las palabras del impresor lo desanimaron.

—Juan es un erudito en el tema; además, creo que un libro como este sería un éxito entre profesores y estudiantes —añadió Francisca.

El rostro del impresor se iluminó por un momento.

—Bueno, puedo intentar apoyar el proyecto, pero debería ser anónimo y también esconderíamos el nombre de la imprenta. Las consecuencias para mi negocio podrían ser nefastas si enfadamos a la Iglesia.

—Claro, eso es lo que pensábamos —contestó con la voz entrecortada Juan.

—¡Dios lo quiere! —exclamó Francisca parafraseando al papa Urbano II que aprobó con esas palabras la primera cruzada de la cristiandad. Después el impresor los invitó a tomar un vino dulce y seguir charlando sobre libros y escritores. Juan seguía los comentarios de Miguel y las palabras de Francisca, pero la realidad era que se sentía como en una nube.

CAPÍTULO 6

Sabiduría

«Dame ahora sabiduría y ciencia,
para presentarme delante de este pueblo;
porque ¿quién podrá gobernar a este tu pueblo
tan grande?».[1]
2 DE CRÓNICAS 1: 71

Toledo, 30 de noviembre del año
de nuestro Señor de 1525

APENAS LO HABÍAN TUMBADO Y atado en la camilla, cuando Alcaraz ya notó que el agua bajaba por la boca hasta su garganta. La sensación de asfixia fue terrible y unos minutos después tuvo la sensación de que iba a reventar. El verdugo paró un instante y miró al inquisidor.

—¡Es suficiente! —exclamó mientras levantaba las manos y después se inclinaba ante el rostro amoratado del pobre prisionero.

—Por nuestro Señor, matadme o acusadme de algo, pero no soporto más torturas —le suplicó el reo.

—Pues confiesa y delata a tus hermanos herejes. Hemos encontrado a varios de los tuyos por la Alcarria, en Cifuentes y Pastrana. La infección herética se había extendido por toda la

---

1 Versión Reina Valera de 1960.

41

parroquia, pero necesitamos los nombres de los que estaban contigo en Escalona y todos los amigos del marqués.

—¿Por qué no le preguntáis a él?

El inquisidor frunció el ceño y ordenó de nuevo al verdugo que procediera. Cinco minutos de tortura fueron necesarios para que el prisionero se aferrara al hábito del inquisidor y este ordenase al verdugo que se detuviera.

Alcaraz intentó recuperar el resuello antes de hablar.

—Los hijos de Hernando de Valdés estaban en Escalona, también parte de su familia materna.

El secretario apuntó en un papel la denuncia, después desataron al reo y le hicieron firmar. Pedro Ruiz de Alcaraz lo pensó un segundo. La familia Valdés era muy querida por él, pero era demasiado cobarde para dejarse matar así. Hizo una rúbrica rápida y después comenzó a llorar.

—Llora por tus pecados, no por esos malditos herejes. Te aseguro que los buscaremos por todo el reino y daremos con ellos.

Pedro de Mena estaba algo borracho cuando vio a Juan. Llevaba algunos días acechándolo, pero la verdad es que lo seguía por una cuestión muy distinta a la que les había hecho conocerse. Un profesor de la universidad sospechaba que tenía algún amorío con Francisca de Nebrija y, como odiaba que una mujer enseñase en la facultad, estaba dispuesto a cualquier cosa para que la echasen.

Juan entró en un edificio cerca de la puerta de San Julián, llegó hasta la hoja antes de que se cerrase y metió el pie, esperó unos instantes y acto seguido entró en la casa. Pedro caminó de puntillas y medio a oscuras hasta una de las puertas que daba al gran recibidor, la abrió con cautela y vio a una docena de personas sentadas en círculo. Aquello lo puso en guardia, pensó que se trataba de algún tipo de ritual mágico. Ahora podría acusar a la profesora de bruja, algo mucho más efectivo que el fornicio entre dos personas que al fin y al cabo estaban solteras.

—Ahora que estamos todos, será mejor que encomendemos esta reunión a nuestro Señor —dijo un hombre al que no reconoció al principio, ya que estaba de espaldas a él, pero después, por el tono de voz supo de quién se trataba. Era Bernardino Tovar, el hermano del antiguo secretario de Cisneros y uno de los editores de la Biblia Políglota Complutense y admirador de Francisca Hernández, la líder del grupo de «alumbrados» de Salamanca.

—Leamos uno de los textos de San Mateo, capítulo 23:

Entonces habló Jesús a la gente y a sus discípulos, diciendo: En la cátedra de Moisés se sientan los escribas y los fariseos. Así que, todo lo que os digan que guardéis, guardadlo y hacedlo; mas no hagáis conforme a sus obras, porque dicen, y no hacen. Porque atan cargas pesadas y difíciles de llevar, y las ponen sobre los hombros de los hombres; pero ellos ni con un dedo quieren moverlas. Antes, hacen todas sus obras para ser vistos por los hombres. Pues ensanchan sus filacterias, y extienden los flecos de sus mantos; y aman los primeros asientos en las cenas, y las primeras sillas en las sinagogas, y las salutaciones en las plazas, y que los hombres los llamen: Rabí, Rabí. Pero vosotros no queráis que os llamen Rabí; porque uno es vuestro

Maestro, el Cristo, y todos vosotros sois hermanos. Y
no llaméis padre vuestro a nadie en la tierra; porque
uno es vuestro Padre, el que está en los cielos. Ni seáis
llamados maestros; porque uno es vuestro Maestro, el
Cristo. El que es el mayor de vosotros, sea vuestro
siervo. Porque el que se enaltece será humillado, y el
que se humilla será enaltecido.

Mas ¡ay de vosotros, escribas y fariseos, hipócritas! porque cerráis el reino de los cielos delante de los hombres; pues ni entráis vosotros, ni dejáis entrar a los
que están entrando. ¡Ay de vosotros, escribas y fariseos,
hipócritas! porque devoráis las casas de las viudas, y
como pretexto hacéis largas oraciones; por esto reci-
biréis mayor condenación. ¡Ay de vosotros, escribas y
fariseos, hipócritas! porque recorréis mar y tierra para
hacer un prosélito, y una vez hecho, le hacéis dos veces
más hijo del infierno que vosotros...[1]

—Jesús condenó la vana religiosidad. Los fariseos eran junto
a los saduceos la secta más respetada de su tiempo. Sus rabinos
eran admirados por todos por su erudición y aparente austeridad,
pero Jesús los llamó sepulcros blanqueados. Eran hombres que
por fuera parecían justos, pero sus corazones estaban repletos de
codicia. La falsa humildad de los religiosos de nuestro tiempo es
muy parecida. Visten como pastores pero son como lobos en medio
de ovejas. No quieren que se lean las palabras de nuestro maestro
para que no descubramos sus ardides, pero su tiempo se acaba.

---

1 Mateo 23:1-15. Versión Reina Valera de 1960.

Por toda Europa Dios está levantando hombres y mujeres libres, cuya fe está basada en su Palabra y no en la de estos hombres impíos. No importa que la Inquisición nos persiga, sabemos que un día todos estaremos ante el tribunal de Cristo y cada uno de nosotros deberá responder por todas sus obras. Por tanto no temáis al que puede destruir el cuerpo sino al que destruye el alma.

Todos los asistentes afirmaban con la cabeza hasta que Francisca de Nebrija comenzó a hablar.

—A veces es fácil ver a gente religiosa entre los miembros del clero, pero Jesús estaba advirtiendo a su pueblo para que no fueran como ellos. Los doce discípulos y las mujeres que seguían a Jesús estaban expuestos a los mismos deseos que los fariseos. Varios de ellos lucharon por el poder dentro del grupo y la mayoría pensaba que el Mesías instauraría un reino terrenal contra los romanos. Por eso Marcos, el evangelista, nos advierte contra usar la levadura de los fariseos, la hipocresía puede adueñarse de cualquier grupo de creyentes. Dentro de no mucho tiempo, Dios nos pedirá un gran sacrificio y entonces veremos quién es un hermano de verdad.

Juan de Valdés tomó la palabra en ese momento. Pedro vio desde su escondite cómo se le iluminaba el rostro y los miraba a todos con una plácida sonrisa.

—El apóstol Pablo, como él mismo se define, el más pequeño de todos, les advierte y al mismo tiempo anima a los efesios a que recuerden que su salvación es un don de Dios. Que es por medio de la fe, que Dios la regala gratuitamente, no por obras para que nadie se gloríe. Ese es el gran misterio de la gracia. Desde niños nos han enseñado que todos debemos ganarlo con esfuerzo, que únicamente los nobles y los poderosos merecen los honores por los méritos que consiguieron sus antepasados, pero Dios nos admite en su familia, que es del mejor linaje real, nos adopta como hijos y nos da gratuitamente la salvación. ¿Por qué rechazan esto algunos? Muchos esperan tener en sus manos el monopolio de la salvación, creen que es por medio de los sacramentos y la mano de la Iglesia que se imparte este don de Dios, pero es por la fe. La pura y sencilla fe que cualquiera puede tener tan solo creyendo y aceptando el sacrificio de Jesús en la cruz del Calvario por nuestros pecados. El justo por los injustos para llevarnos a Dios.

El resto de los miembros de aquella pequeña reunión clandestina parecían emocionados ante las palabras del joven Juan. Algunos comenzaron a llorar como niños, hasta el mismo Pedro notó un nudo en la garganta.

—Así que, como dice en Hebreos 4:16:

Acerquémonos confiadamente al trono de la gracia para recibir misericordia y hallar la gracia que nos ayude en el momento que más la necesitemos.[1]

Todos se pusieron en pie y comenzaron a cantar unos salmos, después se saludaron con cariño y antes de que comenzaran a abandonar la sala discretamente, Pedro se dirigió a la salida y esperó agazapado a Juan. En cuanto lo vio aparecer lo siguió; el joven se metió en un callejón y el hombre le dio alcance.

—¡Deteneos!

Juan lo miró sobresaltado, lo reconoció de inmediato.

—¿Qué queréis?

El estudiante observó que la poca luz que se reflejaba en el rostro de aquel hombre brillaba, estaba llorando.

---

1 Versión Reina Valera de 1960.

—Salí para espiaros, pero he escuchado vuestro mensaje, creía que era un pecador sin perdón, que había hecho demasiadas cosas atroces para merecerme la salvación, pero ¿a mí también me alcanza su gracia?

Juan puso las dos manos sobre los hombros de Pedro.

—Te basta su gracia que se perfecciona en tu debilidad. Cree, porque al que cree todo es posible.

Pedro inclinó la cabeza y oró junto a Juan mientras notaba que su corazón se descargaba de una pesada carga. Al final los dos hombres se fundieron en un abrazo y retomaron el camino hablando de la fe que ahora compartían.

CAPÍTULO 7

Amores y cartas

*«No hay espejo que mejor refleje la imagen
del hombre que sus palabras».*
JUAN LUIS VIVES

Alcalá de Henares, 10 de febrero del año de nuestro Señor de 1526

JUAN ESTABA CADA VEZ MÁS cerca de ver su libro terminado, pero ahora tenía que dividir su tiempo entre las clases, las charlas con Francisca para pulir el manuscrito y su intento de discipular a Pedro, que había cambiado su vida por completo. Estaba tan atareado que cuando recibió la primera carta de Erasmo de Rotterdam se había olvidado de que unos meses antes se había puesto en contacto con él por su proyecto. Cuando el cartero le entregó su misiva el hombre no cabía en sí de gozo. Se sentó en la cama de su cuarto, que ahora parecía mucho más decente que el primer día que entró en ella y comenzó a leer con ansiedad.

Estimado Juan de Valdés.

Me complació mucho recibir su carta. Mi amiga Francisca de Nebrija ya me había hablado de vos y de su trabajo. Se necesitan cada vez más jóvenes como vos, que en medio de la desidia de un mundo que parece demasiado ocupado en guerras y pleitos humanos, un joven se preocupe por instruir al pueblo cristiano en las doctrinas que le son en todo desconocidas.

Ya sabía algo de ese movimiento que Dios ha puesto en el corazón de Castilla y de cómo muchos buscan la práctica de la fe verdadera. Espero que no caigan en el error de Martín Lutero, ya que desde el día en el que se unió a los poderosos de este mundo descuidó su verdadera vocación y la de todo profeta, que es denunciar las injusticias de este mundo y anunciar el venidero.

Nunca he estado en su reino y, aunque circula un rumor de que rechacé una cátedra en su universidad al considerar que Europa terminaba en los Pirineos, he de decirle que jamás tales palabras salieron de mi boca. Admiro a filósofos como Averroes, Séneca o Ibn Gabirol. Cuando los de mi nación eran poco más que bárbaros, en Córdoba o Sevilla ya se enseñaba a Aristóteles.

Os pido que me mandéis el manuscrito de vuestra obra en latín, porque creo que sería un bien para la cristiandad entera.

Ahora que muchas de mis obras comienzan a ser destruidas y prohibidas por la ola de fanatismo y radicalismo que se ha desatado por el mundo, más que nunca espero que vuestro libro devuelva al pueblo cristiano algo de paz y sabiduría.

En mi *Elogio a la estupidez* pensé, estúpido yo también, que el mundo escucharía, pero los ciegos no ven y los sordos no pueden oír, como dijo nuestro Señor Jesucristo y únicamente lo hace aquel a quien Él tiene a bien revelar su voluntad.

Cuidaros de los malos compañeros, de los perros que vienen a destruir la obra de los sabios, y pensad que quien se ponga frente al mundo siempre sufrirá persecución. Mis oraciones por vos las tenéis aseguradas, ya sea que el Creador escuche a un gran pecador como yo, que únicamente busca esa verdad que anunció nuestro Señor y que nos hará libres algún día a todos.

Adiós, distinguidísimo Valdés, y defended vuestra misión con pasión.

Desiderius Erasmus van Rotterdam.

Juan no pudo más que correr hasta la casa de Francisca para leerle la carta. La profesora estaba leyendo en su biblioteca cuando la criada anunció su llegada. Tras leer la misiva ambos se miraron y rieron a carcajadas.

—El bueno de Erasmo, siempre ocupado, pero nunca para una buena carta a alguien que intenta cambiar el mundo.

Por un instante se miraron a los ojos, ella era unos diez años mayor que él, pero, sin duda, algo los unía secretamente.

—Juan.

—Francisca.

—Soy tu profesora, bueno, podría serlo…

—Vos sois mi amiga, mi amiga del alma.

La mujer que nunca había atendido a hombre alguno que la galanteara, siempre escondida entre libros, lo miró y cerró los ojos. Los labios de ambos se juntaron durante unos segundos y después se abrazaron.

—No podemos, Juan.

—¿Por qué? Ninguno de nosotros está comprometido.

—Solo podré ser catedrática si permanezco soltera. Si me caso tendré que dedicarme a mi hogar y yo no he nacido para eso.

Juan comprendió que si amaba de verdad a Francisca debía renunciar a su amor; no podía hacer que eligiese entre los libros y él. Sería demasiado injusto.

—Lo entiendo, tienes que elegir entre Venus y Atenea, a las mujeres no se os permite ser libres. Seremos amigos y te prometo que cada vez que escriba una letra pensaré en ti, tu amor se verá en cada libro, en cada párrafo y no te olvidaré el resto de mis días.

Francisca comenzó a llorar y Juan secó sus lágrimas con un pañuelo.

—Nunca había sido tan feliz y, a la vez, me había sentido más triste en toda mi vida.

—Me siento igual.

La mujer se secó las lágrimas y miró de nuevo la carta.

—¿Qué diría Erasmo de todo esto?

—Que es una locura —comentó Juan.

—Sin duda lo es. Somos dos ratones de biblioteca, volvamos al trabajo antes de que te marches a instruir a Pedro.

Los dos continuaron con la redacción del *Diálogo de doctrina cristiana*. Más tarde Juan tomó la pluma y el manuscrito y se dirigió a la casa de Pedro de Mena, mientras el destino le preparaba una sorpresa casi mortal.

CAPÍTULO 8

Problemas

*«Una mentira es como una bola de nieve, cuánto
más rueda, más grande se vuelve».*
Martín Lutero

**Alcalá de Henares, 10 de febrero del año
de nuestro Señor de 1526**

AQUEL DÍA LLEGÓ TARDE A la casa de Pedro de Mena.
En cuanto vio la puerta entornada se asustó un poco. La empujó
con cautela y entró. La pequeña vivienda era estrecha, pero tenía
dos plantas; en la baja una minúscula cocina y un salón; en la
parte de arriba un aposento y otro cuarto en el que supuesta-
mente estudiaba Pedro y en el que se encontraba su instrumental
de médico. Juan pasó hasta el fondo; no vio nada extraño, tampoco parecía que se tratara de un robo, todo se encontraba en su
sitio. Ascendió por las estrechas escaleras y miró en el cuarto; la
cama algo revuelta, como siempre y en el despacho todo en orden.
Entonces vio un charco de sangre en el suelo y se asustó. La tocó
con el dedo pues todavía parecía fresca. No había en abundancia,
lo que le dio la esperanza de que su amigo aún siguiera con vida.

El joven sabía exactamente dónde buscar a su amigo, pero no
estaba seguro de si reuniría el valor suficiente para hacerlo. Al final

tomó de la mesa del despacho un puñal, lo guardó en la parte de atrás de su pantalón y se dirigió a los bajos fondos de la ciudad.

En cuanto llegó al callejón angosto se estremeció, miró a la oscuridad que parecía un monstruo a punto de devorarlo. Oró brevemente y entró. Cuando llamó a la puerta y le abrió el portero, pasó sin decir nada.

—¿Dónde vais vos?

—A ver a maese Hernán.

—¿Sabe que viene a verlo?

—No, pero me recibirá —dijo con una seguridad que apenas podía entender.

El guarda lo llevó hasta una sala en la segunda planta, entró sin llamar y él lo siguió. Al fondo, dos hombres golpeaban a Pedro que estaba sentado en una silla. Hernán giró furioso, pero al ver a Juan no pudo evitar esbozar una sonrisa.

—¡Qué diablos! No pensé que tendrías los arrestos para venir aquí.

—¿Acaso no se enfrentó David a Goliat?

El hombre lo miró confuso, no sabía de lo que hablaba.

—Vuestro amigo ha dejado de trabajar para mí y eso me ha causado muchas pérdidas, por no hablar de que era quien curaba a mis hombres heridos. Por lo que tengo entendido toda la culpa es vuestra, le habéis convencido de que se convierta en un beato.

—Pedro es un hombre libre. ¿Qué os debe? Os lo pagaremos.

El hombre dio dos zancadas largas y se situó a menos de un metro de Juan.

—No todo lo paga el dinero.

—¿Y lo decís vos? Ese es el único dios a quien servís.

Hernán frunció el ceño y puso los brazos en jarras.

—¿No sabéis que puedo terminar con vuestra vida?

—Todos tenemos una misión que cumplir, hasta vos. Dios nunca permitirá que me hagáis nada si el Creador del universo no os deja.

El hombre parecía sorprendido por el valor de aquel enclenque estudiante.

—Tengo en mi mano la vida de vuestro amigo y ahora la de vos.

Juan pensó en sacar el cuchillo, pero al final desistió.

—Ambos os servimos más vivos que muertos. Sois un hombre de negocios.

—Está bien, soltaré a este traidor con una condición: tendréis que hacerme el porte que os pedí hace meses.

—No soy vuestro hombre, no sé mentir.

—Eso es precisamente lo que busco, no tenéis que abrir la boca, será pan comido.

—Está bien, pero soltadlo antes.

Los matones soltaron a Pedro que se derrumbó en el suelo, Juan lo ayudó para que se levantase y se lo llevó hacia la puerta.

—Os espero mañana temprano aquí.

—Yo cumplo mi palabra, maese Hernán.

Mientras se dirigían a la salida, Juan no quería pensar en el embrollo en que se había metido; lo único que esperaba es que Dios lo protegiera y llevara a buen término todo aquel asunto.

El joven inquisidor había tardado meses en dar con una pista fiable, pero, al final, lo había conseguido. Miró a la ciudad y se relamió, tenía la boca seca por el viaje, pero también lo emocionaba visitar la famosa universidad. Él siempre había querido estudiar, pero sus padres únicamente habían podido mandarlo al monasterio de dominicos cerca de su aldea, allí había ascendido hasta deán de su monasterio y más tarde lo habían propuesto como ayudante de inquisidor.

El hombre era corpulento; sin su hábito hubiera parecido más un bodeguero que un monje, pero su rostro era despierto y su cara afeitada le daba un aspecto algo más fino. Antes de llegar a la ciudad se quitó el hábito y entró con ropas seculares; quería pasar desapercibido, al menos al principio.

Juan de Valdés no esperaba que un inquisidor lo estuviera buscando, pero no estaba de más algo de prudencia.

Caminó por las calles repletas de estudiantes y se dirigió al monasterio de su orden. Sus hermanos podrían facilitarle algunos datos sobre Juan y la forma de echarle el lazo sin que se diera cuenta.

Llamó a la puerta y le salió a abrir un monje tan anciano que parecía a punto de deshacerse en cualquier momento.

—¿Está el abad?

—¿Quién pregunta?

—Soy el hermano Marcos.

—¿Por qué no lleváis hábito?

—¡Quitad de la puerta! —lo increpó y le dio tal empujón que casi lo tiró al suelo. Entró en el monasterio y fue al despacho del abad; como inquisidor nadie podía negarle audiencia. Era fray Marcos de Tordesillas y su nombre ya comenzaba a infundir respeto y miedo en muchos.

CAPÍTULO 9

Cuenca

«Honra sin provecho, sortija en el dedo».
JUAN DE VALDÉS

Alcalá de Henares, 11 de febrero del año de nuestro Señor de 1526

LA MAÑANA NO PODÍA SER más fría y desagradable. La nieve había caído durante la noche y todo estaba cubierto por un manto blanco. Juan no había dormido nada, tras cuidar las heridas de su amigo e intentar quitarse de la cabeza lo sucedido, y al final optó por orar. No sabía cómo escapar de aquella situación. Si no cumplía su promesa sus vidas correrían peligro, pero si lo hacía era posible que las autoridades se enterasen, lo expulsaran de la universidad y terminara con sus huesos en la cárcel.

—¿No has dormido nada? —preguntó Pedro a su amigo nada más al despertarse.

—Lo importante es que estás bien. Creo que no te han roto nada.

—No será porque no lo hayan intentado esos malditos...

—Tengo que irme —dijo Juan mientras se incorporaba y se colocaba la capa y el sombrero. No llevaba su uniforme de estudiante, era mejor pasar desapercibido.

—No lo hagas, Juan, no merece la pena. Hernán es un perro ladrador pero poco mordedor.

—Soy de esos tipos raros que cumplen su palabra.

—Esa gente no tiene honor, te atraparán y todo será por mi culpa.

Cuando Pedro intentó incorporarse notó un punzado dolor en sus costillas y se derrumbó de nuevo sobre el lecho.

—Quédate quieto, será mejor que reposes. Volveré antes de que anochezca.

Juan salió de la casa en dirección a la taberna de Hernán. Cuando llamó a la puerta lo hicieron pasar hasta el almacén.

—Esperaba que vinierais, siempre he visto que sois un hombre de honor.

—Será la primera y última vez que hago esto por vos. ¿Queda claro? —preguntó con un arresto que no sabía de dónde sacaba.

—Lo sé, pero espero que no cometáis ningún error, vais a transportar una verdadera fortuna en vino y tabaco. Adelino os acompañará para asegurarnos de que no hacéis ninguna bellaquería.

Juan no le contestó. Los dos hombres tomaron dos cabalgaduras y salieron hacia un pequeño pueblo cerca de la ciudad; una hora más tarde estaban enfrente de una posada, donde un carretero los esperaba algo nervioso.

Los dos hombres se subieron al carro, dejaron los caballos con el carretero, y enfilaron hacia Alcalá.

Adelino era un hombre mulato que servía a Hernán, no muy hablador, pero al final comenzó a responder a las preguntas de Juan.

—¿Cómo habéis acabado con ese individuo?

—Yo vengo de la isla de Gran Canaria, mi padre era un esclavo negro y mi madre una campesina; me abandonaron nada más nacer, pero según la ley no podía ser esclavo. Unas monjas me acogieron y cuando cumplí los once años me entregaron como criado a un gran señor de la isla. Su hija se enamoró de mí y el gran señor, tras darme una paliza, me echó a la calle. Sin nada vagabundeé por Las Palmas hasta que Hernán me encontró cuando trabajaba en el puerto descargando barcos. Me trajo a la península y me dio trabajo y un techo. Es quien más ha hecho por mí desde que nací. Puede que penséis que es un bandido y, sin duda lo es, pero él me ha hecho como soy.

Juan cada vez era más consciente de que el mundo ideal de Escalona no tenía nada que ver con el mundo real. Él había sido un privilegiado toda su vida, aunque sin saberlo. La mayoría de las personas no podía elegir su destino y muchas de sus decisiones eran casi inevitables.

—Si lo denunciáis a las autoridades, estas os darán una recompensa y seréis libre al fin.

Adelino soltó una carcajada.

—Yo ya soy libre, todos los caballeros son iguales, creen que el tener rentas y un buen apellido te convierte en un hombre libre. Mirad la ciudad en el horizonte, en Alcalá puedo hacer lo que desee. Todos respetan a Hernán y por ende a mí.

Juan desistió de su intento de convencer al hombre, y a medida que se acercaban a las puertas de la ciudad su nerviosismo se acrecentaba.

—No puedo entrar con vos, a mí me conoce demasiado bien la gente de la aduana. Os veré tras la puerta.

Adelino saltó del carro y caminó aquellos últimos trescientos metros solo. Una vez dentro se apoyó en una pared y se cruzó de brazos.

Juan respiró hondo y se detuvo cuando los soldados le pidieron que llevara el carro a un lado.

—¿Qué lleváis en el carro?

Juan entregó a los hombres la lista con las supuestas mercancías.

—¿No lleváis nada más? —preguntó el oficial al tiempo que miraba la lona que cubría la parte trasera del carruaje.

—Yo únicamente transporto la mercancía, no la he cargado —dijo Juan.

El oficial ordenó a dos de sus hombres que apartaran la lona, el joven se quedó sin aliento y aguantó la respiración.

—Sargento, venga a ver esto —dijo uno de los soldados y Juan notó cómo se le helaba la sangre.

Diego López Pacheco y Portocarrero, segundo marqués de Villena, segundo duque de Escalona y cuarto conde de San Esteban de Gormaz había sido uno de los hombres más importantes del reino. Su familia provenía de una saga de hombres influyentes. Los Pacheco habían ostentado durante tanto tiempo el poder que prácticamente no sabían lo que eran la pobreza o el deshonor. Por eso se puso tan furioso cuando los inquisidores entraron en su casa y detuvieron a sus amigos y, aunque a él no se atrevieron a acusarlo de nada, el simple hecho de registrar su palacio ya era suficiente afrenta. Estaba seguro de que esto no habría sucedido durante el reinado de Isabel ni con su hija, pero Carlos era un extranjero, que no respetaba a Dios ni las costumbres del reino. A pesar de ser nombrado caballero de la Orden del Toisón de Oro y Grande de Castilla, Carlos no le había perdonado que mediase entre los leales al rey y los comuneros. En el fondo entendía sus reivindicaciones y sabía que para que Carlos fuera grande, Castilla tenía que ser pequeña y él, ante todo, era castellano.

Los inquisidores habían atacado a dos de las personas que más admiraba, Pedro Ruiz de Alcaraz, que llevaba encarcelado mucho tiempo e Isabel de la Cruz que permanecía oculta. Ahora temía que pudieran hacer algo a Juan de Valdés, quien había sido su paje y al que había tratado como a un hijo. Debía advertirle de que lo estaban buscando. Pidió a uno de sus secretarios que redactase una carta y mandó un mensajero a Alcalá con la esperanza de que la recibiera antes de que le echaran mano los inquisidores; después rezó por él. Ahora que todo el mundo se alejaba de las ideas de Erasmo y nadie quería cambiar el mundo, él ya sentía que le quedaba muy poco tiempo. Su generación había logrado convertir un reino dividido y enfrentado en uno de los más poderosos de Europa. Castilla había conquistado el Nuevo Mundo y, con su gesta, había mantenido viva la idea de cruzada, pero los flamencos y ese rey extranjero lo estaba destruyendo todo. Únicamente Dios podía salvar al bueno de Juan, pero sin duda ya había abandonado a Castilla a su suerte. Lo único que cabía esperar era una larga decadencia antes de que su generación desapareciera por completo. «Vanidad de vanidades, todo es vanidad», pensó mientras se inclinaba para rezar. Ni las riquezas ni la honra, ni el poder ni la fama podían impedir lo inevitable: que su cuerpo enfermo y envejecido acabara en una tumba comido por los gusanos. Únicamente podía encomendar su alma a Dios y pedirle que se apiadara de él.

CAPÍTULO 10

Peligro

«De dos males, elige el menor».
ERASMO DE ROTTERDAM

Alcalá de Henares, 11 de febrero del año de nuestro Señor de 1526

JUAN SINTIÓ QUE TODA SU vida se le pasaba por la mente mientras los soldados registraban la parte trasera de la carreta. Pidió a Dios que lo dejaran pasar sin contratiempos; al final el oficial regresó hasta donde se encontraba y muy serio le dijo:

—Está todo correcto, puede pasar.

Juan azuzó a los caballos y atravesó el arco de la puerta chorreando de sudor a pesar del frío. Adelino se subió otra vez y se encaminaron a la bodega de Hernán. En cuanto llegaron, algunos hombres comenzaron a descargar la mercancía.

—Buen trabajo. ¿No veis como no era tan difícil?

—Ya estamos en paz.

Hernán le lanzó una bolsa repleta de monedas.

—Vuestra paga.

Juan no la abrió se la devolvió y le dijo algo enfadado:

—Mi paga es que nos dejéis en paz para siempre.

El joven estudiante dejó el almacén y se fue a su casa. Se sentía agotado y algo triste. Tenía la sensación de que se había dejado manejar por el diablo, pero cuando entró en su cuarto se dio cuenta de que las cosas eran mucho peores de lo que imaginaba. No encontró a Pedro y todo estaba revuelto. Miró la mesa y encontró una extraña nota.

> Muchas gracias por vuestra amistad, pero me he marchado de Alcalá de Henares para no causaros más problemas. Creo que debo emprender un nuevo camino y es mejor que me aleje de los malos hábitos y las pésimas compañías. Un abrazo de su amigo.
>
> Pedro de Mena.

Juan se quedó triste, pero supo que al menos había ayudado a Pedro a salvar su alma, lo mejor era que sus caminos se separasen y olvidar a Hernán y sus esbirros.

———————————

Juan no sabía lo que había sucedido en realidad. El inquisidor descubrió su dirección y acudió hasta su casa para verlo con sus propios ojos antes de pedir a las autoridades civiles que lo detuvieran, pero en lugar de Juan se encontró con Pedro en el lecho. Al principio el inquisidor se quedó algo sorprendido al verlo herido, sin embargo le conminó a que lo acompañase y se entregara voluntariamente a la Santa Inquisición. Pedro no sacó al inquisidor de su error, pero lo amenazó con un cuchillo, ambos forcejearon y Pedro le clavó su cuchillo al joven inquisidor.

Al principio se había puesto muy nervioso al ver al hombre en el suelo; después lo había envuelto en una manta y limpiado los restos de sangre. Comprobó que no había nadie en las escaleras y lo sacó de la casa, caminó con el cuerpo hasta su casa, lo colocó sobre su caballo y lo sacó de la ciudad como un fardo. Se acercó al río y lanzó el cuerpo al agua.

Pensó si volver o alejarse de todo aquello. No había logrado licenciarse, pero tenía conocimiento suficiente para dedicarse a la medicina en su pueblo. Era el momento de poner tierra de por medio y alejarse de aquella vida. En algunas ocasiones era mejor alejarse de todo y no mirar atrás. La amistad con Juan le había permitido escapar de la prisión en la que se encontraba encerrado, y ahora, en cierto sentido, le había devuelto el favor terminando con esa alimaña. Cabalgó durante todo el día, quería alejarse lo más posible de Alcalá y aquel mundo en el que se había perdido durante años ya formaba parte de su pasado.

CAPÍTULO 11

Inquisidores

*«No puede existir bondad alguna donde no haya
conocimiento de ella».*
JUAN LUIS VIVES

**Bolonia, 20 de octubre del año
de nuestro Señor de 1529**

ALFONSO PARECÍA ESCANDALIZADO POR LO que
estaba sucediendo en Alemania. Ya hacía más de doce años desde
que Lutero se había levantado contra el papa y la Iglesia de Roma,
pero ahora muchos de los príncipes alemanes parecían apoyarlo
con la intención de romper en dos a la cristiandad mientras los
turcos seguían su avance imparable hacia el corazón de Europa.
No es que Alfonso fuera muy propicio a lo que pasaba en Roma,
ya que él mismo había escrito un par de años antes el famoso libro
Diálogo de las cosas acaecidas en Roma, donde un diálogo entre
Lactanco y el arcediano del Viso sobre el famoso saco de Roma,
dejaba claro que el papa Clemente VIII era el culpable del saqueo
de la ciudad. Desde el principio el papa había conspirado con el
rey de Francia y algunas de las repúblicas italianas para echar
a los españoles de Italia, y apoyar la hegemonía de una Francia
que aspiraba a ser el árbitro del continente. Alfonso, que llevaba

muchos años sirviendo al emperador, que había visto sus fatigas por unir a la cristiandad y su lucha contra la herejía luterana, merecía todos sus respetos.

El secretario del emperador fue al encuentro del nuncio del papa, Baltasar de Castiglione, uno de los hombres más poderosos de la Iglesia en ese momento. Sabía que Clemente lo había enviado a la corte imperial para pedir su cabeza.

El nuncio lo esperaba sentado en una mesa maciza de nogal. Su rostro algo ceniciento, como el de un cadáver, no lo intimidó.

—Alfonso de Valdés, secretario de su majestad el emperador Carlos V.

—Baldassarre Castiglione, dicen que sois el hombre más refinado de Italia y que aprendisteis las formas sutiles en la corte del duque de Urbino. Os habéis dedicado a la diplomacia, pero desde hace años residís en Roma y desde hace más de una década sois el nuncio en España frente al emperador. No es fácil vuestro papel en tiempos tan turbulentos.

El hombre no respondió, simplemente frunció el ceño y comenzó a leer:

> Es tan grande la ceguedad en que por la mayor parte está hoy el mundo puesto que no me maravillo de los falsos juicios que el vulgo hace sobre lo que nuevamente ha en Roma acaecido, porque como piensan la religión consistir solamente en estas cosas exteriores, viéndolas así maltratar, paréceles que enteramente va perdida la fe. Y a la verdad, así como no puedo dejar de loar la santa afición con que el vulgo a esto se mueve, así no me puede parecer bien el silencio que

tienen los que lo deberían desengañar. Viendo, pues, yo por una parte cuán perjudicial sería primeramente a la gloria de Dios y después a la salud de su pueblo cristiano, así como a la honra de este cristianísimo rey y emperador que Dios nos ha dado si esta cosa así quedase solapada, más con simplicidad y entrañable amor que con loca arrogancia, me atreví a cumplir con este pequeño servicio las tres cosas principales a que los hombres son obligados. No dejaba de conocer que la materia era más ardua y alta que la medida de mis fuerzas, pero también sabía que donde hay buena intención Jesucristo alumbra el entendimiento y suple con su gracia la falta de fuerzas y de ciencia por humano ingenio alcanzada. También se me representaban los falsos juicios que supersticiosos y fariseos sobre esto han de hacer, pero ténganse por dicho que yo no les escribo a ellos, sino a verdaderos cristianos y amadores de Jesucristo. También veía las contrariedades del vulgo, tan asido a las cosas visibles que casi tiene por burla las invisibles; pero acordeme que no escribía a gentiles, sino a cristianos, cuya perfección es distraerse de las cosas visibles y amar las invisibles. Acordeme que no escribía a gente bruta, sino a españoles, cuyos ingenios no hay cosa tan ardua que fácilmente no puedan alcanzar. Y pues que mi deseo es el que mis palabras manifiestan, fácilmente me persuado poder de todos los discretos y no fingidos cristianos alcanzar que si alguna falta en este Diálogo hallaren, interpretándolo a la mejor parte, echen la

culpa a mi ignorancia y no presuman de creer que
en ella intervenga malicia, pues en todo me someto a
la corrección y al juicio de la santa Iglesia, a la cual
confieso por madre.[1]

—Es el comienzo de mi libro.

—¿Entonces lo reconocéis?

—¿No debería un padre reconocer a su hijo? —preguntó arrogante Alfonso.

El hombre golpeó la mesa con el puño y Alfonso observó cómo se reflejaban todas las venas en su mano.

—¡Por Dios! ¿Cómo puede un hombre culto como vos apoyar una barbaridad como el asalto de la ciudad de San Pedro, la sede del poder de los papas? —dijo el nuncio fuera de sí.

Alfonso no quería soliviantar más al enviado del papa, pero intentó demostrarle que no lo amedrentaba ni con sus gritos ni con sus argumentos.

—El papa hizo una liga contra el emperador y provocó al rey de Francia para que traicionara su palabra y el tratado de Madrid firmado con el emperador. Carlos es el único que está luchando contra el turco y los príncipes luteranos, pero su papa lo único que desea es más poder y riqueza. No quiere convocar un concilio, pero tampoco hace nada para destruir la herejía.

—He pedido al inquisidor Alonso Manrique que destruya vuestro libro y que impida que vuelva a publicarse.

---

1 Introducción del libro Las cosas acaecidas en Roma del mismo Alfonso de Valdés. Versión libre en: https://www.cervantesvirtual.com /obra-visor/diálogo-de-las-cosas-acaecidas-en-roma-0/html/fede2498 -82b1-11df-acc7-002185ce6064_2.html.

Alfonso sonrió; tenía buena relación con el inquisidor general, quien hasta ese momento había apoyado al bando erasmista del que él mismo formaba parte.

—No me importan nada vuestras prohibiciones. Por mí como si habláis con el mismo Belcebú.

Alfonso dejó la sala y se dirigió hasta su habitación. Estaba tan furioso que le costaba calmarse. Al final se tumbó en el lecho y comenzó a leer uno de los libritos que le había dejado un buen amigo, Maximiliano Transilvano. La portada no tenía el nombre del autor ni el título del libro.

> ¡Oh, que también en el siglo nuestro surgiesen tales heraldos de Cristo para oponerse a quienes ejecutan inexorablemente y con prepotencia los decretos y las decretales del papa! Estos señores, escudándose en el nombre de los apóstoles Pedro y Pablo y de la iglesia romana, nos apremian hasta el punto de atreverse a llamarnos «herejes» con increíble desvergüenza, si no creemos y aceptamos como necesario para la salvación todo lo que en aquellos documentos se dice, se escribe y a veces también se fantasea. Hereje empero es sólo aquel que peca contra la palabra de la fe. Aquellas palabras de hombres en cambio están relacionadas tan exclusivamente con el buen comportamiento humano, y están tan vacías de fe, que no se le puede hacer a la fe un mayor beneficio ni mejor servicio que abrogarlas de una vez completa y radicalmente. ¿Qué crees tú que habría hecho Pablo al ver que, en nuestro tiempo, tantas leyes humanas inútiles y hasta perniciosas causan estragos en el orbe entero y hacen

desaparecer a Cristo por completo; ese Pablo que se dirige
con tanta vehemencia contra las leyes de Dios que nos
fueron entregadas por Moisés y que hicieron desaparecer
a Cristo en un solo lugar, precisamente entre los Gálatas?
Por lo tanto, digamos confiados con Pablo: «Perezca y sea
maldita toda doctrina, provenga del cielo o de la tierra o de
donde quiera, que enseña depositar la confianza en otras
obras, otra justicia, otros méritos que no sean las obras,
la justicia y los méritos de Cristo». Y con esto no damos
expresión a una actitud de rebeldía contra los papas y los
sucesores de los apóstoles, sino a nuestra sincera obe-
diencia a Cristo. Pues a este hay que fiarle la preferencia
sobre aquellos; y si no quieren acomodarse a ello, hay que
rehuirlos como a gente maldita («anathemata»).[1]

Alfonso miró la nota manuscrita que había entre las páginas
del libro.

Que nadie te engañe, querido amigo. Estas son las palabras de Martín, «la bestia de Sajonia». ¿Son acaso como
dicen herejías o están sujetas a las Sagradas Escrituras?

Maximiliano Transilvano.

Alfonso leyó el resto del libro; jamás había leído nada de Martín Lutero, pero desde aquel día intentó conseguir todas sus obras.

---

1 Comentario de la epístola a los Gálatas de Martín Lutero. Libro
acceso libre en: http://www.iglesiareformada.com/Lutero_Galatas_1.html

Juan vio cómo el primer ejemplar de su libro *Diálogo de doctrina cristiana* salía de la imprenta y se quedó maravillado. Su hermano ya le había comentado que era una sensación febril la de ver su obra impresa. El impresor sonrió al ver el rostro iluminado del joven y Francisca de Nebrija comenzó a dar saltos de alegría.

—¡Lo conseguiste, Juan!

—Ahora que lo tengo en mis manos me encuentro lleno de dudas. Siempre hay formas de mejorar el texto, de poner una palabra más precisa, un término más exacto.

—Os aseguro y, llevo cientos de libros impresos, que este es uno de los mejores. Espero que os dé la fama y fortuna que os merecéis —dijo Miguel de Eguía.

Francisca y Juan salieron con media docena de ejemplares; querían entregar uno a Gonzalbo, el que había sido maestro de Juan, y también a varios catedráticos famosos y prestigiosos de Alcalá.

Una semana más tarde la primera edición se había agotado y todo el mundo hablaba del libro. El impresor se apresuró a hacer una nueva edición con más tirada y llenar de ejemplares las ferias y librerías de muchas ciudades populosas del reino.

La gente saludaba a Juan por las calles a pesar de que la obra se había publicado de forma anónima, pero Alcalá, en el fondo, era como un pueblo y todo el mundo sabía lo que sucedía allí.

—Tienes que disfrutar de tu triunfo y no estar tan preocupado. Todo el mundo desea que su obra sea difundida —comentó Francisca a su amigo. A lo largo de los años habían aprendido a apartar sus sentimientos y dedicar toda su energía al estudio y difusión de la cultura.

—Querida amiga, ya sabéis que desde hace un tiempo la Inquisición está más vigilante. Mis padres eran judeoconversos y para los cristianos viejos siempre seremos sospechosos de ser criptojudíos.

—Dios es el que os guarda. Siempre he admirado vuestra fe y ahora parece que flaqueáis.

Juan sonrió a su amiga.

—Tenéis razón, llevo en Alcalá muchos años y nunca me han molestado los inquisidores. El libro está basado en la Palabra de Dios. ¿De qué se me puede acusar?

Los días posteriores a aquella conversación varios estudiantes comenzaron los debates sobre el *Diálogo de doctrina cristiana;* en uno de ellos se acercó un monje dominico.

—¿Cuál es ese libro del que todo el mundo habla?

El joven le entregó un ejemplar que, de prestarse tantas veces, estaba ajado y repleto de anotaciones. El monje comenzó a leer y se puso furioso.

—¡Esto es herejía! —gritó en medio de la plaza y los jóvenes lo miraron espantados.

—Pero, si todo está basado en las Sagradas Escrituras —comentó el que le había entregado el libro.

—El único que puede interpretar la Biblia es un doctor de la Iglesia. ¿Dónde está el nombre del autor? ¿Por qué no tiene el sello de autorización canónica? Es un libro malicioso de esos luteranos.

Aquel mismo día el monje salió hacia Toledo con el ejemplar del libro y lo denunció ante el tribunal de la Santa Inquisición.

CAPÍTULO 12

La Corte

«La humildad de los hipócritas es el más grande y
el más altanero de los orgullos».
Martín Lutero

Toledo, 15 de marzo del año
de nuestro Señor de 1530

TODOS LOS INQUISIDORES ESCUCHARON CON
atención cómo el inquisidor general comenzaba a leer el libro:

Muy ilustre señor D. Diego López Pacheco, marqués de Villena, duque de Escalona, conde de San Esteban, etc.

El autor.

Pasando un día, muy ilustre Señor, por una villa de estos Reinos, y sabiendo que por mandato del Señor de ella, y aún a su costa, enseñaban los curas en sus iglesias a los niños los principios y rudimentos de la Doctrina Cristiana —lo cual muchos días antes yo deseaba se hiciese— me fui a poner entre los niños de una iglesia, con intención de saber allí alguna buena cosa que introducir en mi monasterio, como también para ver si habría algo en que yo, con mis letras y experiencia, pudiese ayudar y aumentar aquella buena obra y celestial ejercicio; y aunque el cura que enseñaba era idiota, y no estaba tan fundado en las cosas que decía como fuera menester, por ser la cosa de la calidad que era, yo me consolé y tomé recreación allí un buen rato. Cuando el cura hubo acabado, habiéndome visto entre sus niños con hábito religioso se vino para mí deseando, según dijo, saber de mí qué me parecía de lo que le había oído decir. Yo, viendo su buena intención y pareciéndome que, aunque idiota, era hábil y dócil, y viendo asimismo el provecho que de avisarle se podría seguir, después de haberle muy mucho alabado, como era razón, su bueno y santo ejercicio, lo animé a que lo prosiguiese, y asimismo amonestase y aconsejase a otros que hiciesen lo mismo. Le rogué nos fuésemos entrambos juntos a comunicar este negocio con Don Fray Pedro de Alba, arzobispo de Granada, porque además de que estuviese bien que con su autoridad, como de prelado, se hiciese una cosa verdaderamente cristiana y evangélica como esta, él, como persona de letras sagradas y espíritu cristiano, nos podría largamente instruir, y no solamente saldríamos edificados para lo que a nosotros convenía, sino instruidos en aquellas cosas que para instruir a otros son necesarias.[1]

---

1 *Diálogo de doctrina cristiana.* Texto libre en: http://www.iglesia reformada.com/Valdes_Diálogo_Dedicatoria.html

—¿Dónde ven la herejía? Yo no la veo por ninguna parte —comentó el inquisidor general. Conocía perfectamente a los hermanos Valdés, en especial a Alfonso, del que se consideraba amigo.

—Le dedica el libro al marqués de Villena, y ya sabemos qué hacía este hereje judeoconverso en su palacio —comentó uno de los miembros del consejo, la mayoría designada por el rey y que apoyaba activamente sus políticas.

—Bueno, eso tampoco es un delito —dijo el inquisidor general.

—¿Acaso no lo es publicar un libro de teología sin ser doctor en dicha materia? ¿Sacar a la venta un compendio doctrinal sin el sello de autorización de la Iglesia? —comentó otro de los consejeros.

—Sin duda, no es una práctica habitual —dijo el inquisidor general—; se podía amonestar al autor y aprobar el libro de forma oficial.

Todos lo miraron sorprendidos.

—No queremos que pase lo mismo que en Alemania, que cualquiera se cree capaz de leer e interpretar las Sagradas Escrituras. Desde entonces, después de Lutero han nacido herejes aún peores que él. La Biblia es cosa de estudiosos y la Iglesia es la que imparte doctrina.

El inquisidor general se mesó la barba antes de responder.

—Es cierto, pero el problema es que nadie adoctrina al pueblo de Dios y la gente es capaz de creer casi cualquier cosa: la brujería, la superchería y todo tipo de pecados reinan por doquier.

—Esos pecados son terribles, pero lo son mucho más las falsas doctrinas, ya que son capaces de extraviar a millares y alejarlos de la Iglesia.

—Me pregunto, y les pregunto a ustedes que son doctores de la ley de Dios, si no nos pasará como al sanedrín, que impedían que los apóstoles predicaran y Gamaliel llegó a decir:

> Luego dijo: «Varones israelitas, piensen bien en lo que van a hacer con estos hombres. Hace ya algún tiempo, se levantó Teudas, quien se jactaba de ser alguien, y logró que se le uniera un grupo como de cuatrocientos hombres; pero lo mataron, y todos los que lo seguían fueron dispersados y exterminados. Después, cuando se hizo el censo, se levantó Judas el galileo y logró que muchos del pueblo lo siguieran. Pero también lo mataron, y todos los que lo seguían fueron dispersados. Por eso les digo ahora: Olvídense de estos hombres. Déjenlos. Porque si esto que hacen es de carácter humano, se desvanecerá; pero si es de Dios, no lo podrán destruir. ¡No vaya a ser que ustedes se encuentren luchando contra Dios!»[1]

Se hizo un murmullo en la sala, hasta que uno de los consejeros más ancianos contestó:

—¿No compararéis a esos herejes con los apóstoles de nuestro Señor Jesucristo?

Manrique se dio cuenta de que su defensa había llegado demasiado lejos.

—No, ya saben vuestras señorías que he sido uno de los mayores defensores de la persecución que los judeoconversos han

---

1 Hechos de los Apóstoles 5:35-39. Versión Reina Valera Contemporánea.

desatado. No se debería haber permitido la conversión a ninguno, ya que desde ese día no han hecho sino inventar herejías de todo tipo.

—Pues que se mande a unos hermanos inquisidores de inmediato —dijo otro.

—Además, padre, aún queda por resolver la desaparición hace unos años del joven inquisidor, el hermano Marcos, que nunca regresó de Alcalá. ¿Acaso no puede ser que lo eliminasen esos Valdés u otros miembros de su secta? —preguntó otro.

—Eso son acusaciones muy graves, pero los inquisidores enviados a Alcalá también lo investigarán. No se preocupe.

En cuanto terminó la sesión, el inquisidor general se dirigió a su despacho y escribió a Alfonso de Valdés, advirtiéndole de lo que sucedía. No podía hacer más: los vientos soplaban en contra de los seguidores de Erasmo y él no iba a arriesgar su posición por ellos. Ya había estado una vez en la cárcel por no aceptar la autoridad del rey Fernando tras la muerte de la reina Isabel, pero no regresaría a otra por nadie, ni siquiera por los Valdés o por el mismísimo Erasmo de Rotterdam.

En cuanto Alfonso recibió la misiva se quedó de piedra. No esperaba que su hermano fuera tan audaz; él intentaba mantener sus ideas en secreto. Juan no se daba cuenta de que su familia se había ganado demasiados enemigos. Por eso pidió al emperador que lo recibiera urgentemente. No tuvo que esperar demasiado, Carlos le tenía un gran aprecio, sobre todo desde que publicó su libro sobre el saqueo de Roma.

—Alfonso, por favor, pasad.

Carlos le habló en un perfecto español; en los últimos años se había esforzado en hablarlo bien, para que sus súbditos castellanos no se quejasen. Desde que el papa lo había nombrado oficialmente emperador parecía que su carácter había mejorado, pero todos aquellos títulos, halagos y cargos, hacían que lo rodease una especie de aureola sagrada. Ya nadie, excepto otros reyes, osaba sentarse a su mesa y él parecía reticente a dar confianza a sus subordinados.

—Es por mi hermano, majestad; ha escrito un libro para dar consejo a los cristianos y parece que eso ha molestado a algunos.

Carlos lo miró muy serio.

—Apreciado Alfonso, ya sabéis lo que nos sucedió en Alemania por ser compresivos con el hereje Martín Lutero...

—Juan simplemente expone las doctrinas cristianas tal y como las enseñó nuestro Señor Jesucristo.

Carlos se mesó la barba unos instantes.

—La Inquisición es una institución justa y sabrá actuar en consecuencia, no os preocupéis. Ahora, más que nunca, soy el defensor de la fe católica.

Alfonso salió de la sala muy decepcionado. Ya había visto al emperador cambiar paulatinamente de opinión y plegarse a las costumbres y enseñanzas de la Iglesia, pero ahora era capaz de cualquier cosa por ganarse el favor del papa y alcanzar una paz duradera en Italia. No había más que hacer.

Escribió una carta en la que advertía a Juan del peligro que corría y que si, era preciso, debía abandonar Alcalá de Henares y la misma España incluso.

CAPÍTULO 13

Una misión

«Los inquisidores deben ser más inclinados
al tormento que otros jueces: porque el
crimen de herejía es oculto y dificultoso
de probar».
ANTONIO MONTES DE PORRES

Alcalá de Henares, mayo del año
de nuestro Señor de 1530

LA INQUISICIÓN TARDABA EN PONER en funciona-
miento su implacable maquinaria, pero una vez que comenzaba
a rodar era casi imposible pararla. El inquisidor general había
mandado a dos de sus más sagaces inquisidores: fray Benito, un
hombre anciano y con una larga experiencia como inquisidor y
fray Jerónimo, un joven aprendiz. Mientras se aproximaban a la
ciudad, el mayor le enseñaba al más joven.

—El buen inquisidor es paciente, astuto e implacable. Pensad,
querido Jerónimo, que todos pretenderán engañarnos, en especial
los acusados. El diablo es muy astuto y muchas veces se presenta
como «ángel de luz». Ya sea en el rostro de una manceba joven y
hermosa de aspecto virginal o en el de un hombre sabio de larga
barba blanca.

El joven inquisidor parecía apuntar todas las palabras de su maestro en la mente, ya que no dejaba de mirarlo y gesticular con la cabeza.

—Por un lado, tendremos que averiguar qué le pasó al joven inquisidor Marcos, pero nuestro cometido principal es interrogar a Juan de Valdés, al que todos apuntan como el escritor de ese libro nefando de *Diálogo de doctrina cristiana.*

—¿Lo habéis leído, maestro?

—Naturalmente, es nuestro deber contrarrestar la herejía y para ello debemos conocerla.

—Entiendo.

—Por ejemplo, el escritor usó falsamente los personajes de un tal fray Pedro de Alba, arzobispo de Granada y unos tales Antronio y Eusebio. El comentario del Credo está copiado del famoso libro de Erasmo de Rotterdam: *Inquisitio de Fide.* Ese maldito Erasmo, con su Nuevo Testamento en griego, ha facilitado la traducción de la Biblia a muchas lenguas vulgares, con el peligro que eso representa; además, en sus libros destila una rabia y odio visceral contra nuestra amada Iglesia. Incluso, en otras partes del diálogo, el escritor se adhiere a la idea radical de la llamada «philosophia Christi», por lo que los que la defienden creen que toda la filosofía no escrita por cristianos es desechable. De esas mismas ideas estaba contagiado Lutero.

—Entiendo, estos son los herejes más peligrosos, los que se pasan el día hablando de Cristo y sus virtudes —dijo fray Jerónimo.

Atravesaron las puertas de la ciudad y se encaminaron al convento de los dominicos. Tras descansar un rato en sus celdas, se dirigieron al despacho del abad.

—¿Se puede? —preguntó el inquisidor.

—Pasad, os lo ruego.

Los dos hombres se besaron y después Benito presentó a su discípulo.

—Vuestro joven hermano me recuerda al inquisidor Marcos. ¿Qué sería de él? Esta ciudad está cada vez más llena de herejes.

—El mal no descansa, abad, por eso estamos aquí.

Se sentaron y mientras tomaban un vaso de vino, el inquisidor comenzó a interrogarlo.

—¿Dónde marchó el hermano Marcos el último día que estuvo en la ciudad?

—Mantenía su misión en secreto, pero al parecer buscaba a un iluminado del grupo de Escalona, de los amigos de ese hereje, el marqués de Molla.

—Entiendo, pero ¿no dijo el nombre?

—No, pero sí comentó que era un joven estudiante de la universidad, un conquense. Tal vez con esos datos podrán indagar un poco. No hay tantos colegios y si miran los registros de ese año, imagino que no habrá tampoco muchos estudiantes provenientes de Cuenca.

Benito pareció relamerse los labios; aquel dato les abría muchas posibilidades. Juan de Valdés era natural de Cuenca, por lo que el cerco parecía cerrarse sobre él. No dudarían en meterlo en las cárceles de la Inquisición y sacarle la verdad con los métodos más contundentes si hacía falta.

———————————————

Francisca parecía más preocupada que Juan: las noticias de la llegada de los inquisidores se conocía en toda la ciudad. Francisca tenía un amigo en el convento de los dominicos que le informaba de todo lo que sucedía allí.

—Además de venir a investigar tu libro, están haciendo preguntas sobre la muerte de un inquisidor hace unos años, mejor dicho, su desaparición, ya que nunca dieron con su paradero.

—Entiendo.

—¿Sabes algo de este tema?

—Fue cuando desapareció mi amigo Pedro de Mena; vi algunos restos de sangre en mi cuarto, pero no tengo nada que ver.

—Ya lo sé —dijo la mujer mientras ponía una mano sobre el hombro del joven.

—No entiendo qué ven de malo en el libro; lo examinaron varios teólogos antes de su publicación y todo lo que cuento son las palabras del mismo Jesús o de sus discípulos —dijo Juan algo frustrado.

—Ya sabes que la Iglesia prefiere controlar a los feligreses, aunque sea en la ignorancia, para mantener su poder. Creo que sería prudente que te alejaras unas semanas de Alcalá.

El rostro de Juan se encendió de ira.

—No pienso huir como si fuera un criminal; defenderé mi causa si es preciso.

Francisca se encogió de hombros; sabía que era imposible persuadir a su amigo para que escapara, no era consciente de que la cuestión no trataba de probar su inocencia, más bien era simplemente cuestión de tiempo que condenasen su libro y que él acabara con sus huesos en la cárcel.

CAPÍTULO 14

Traición

«El difamador [...] trata a su víctima como la Inquisición española trata al hereje, vistiéndole con un sambenito pintado con demonios y expuesto así a la muchedumbre para que aparezca aún más odioso».
SAMUEL BUTLER

Alcalá de Henares, mayo del año de nuestro Señor de 1530

LOS DOS INQUISIDORES FUERON HASTA los talleres del impresor Miguel de Eguía. En cuanto vieron al mozo le exigieron de inmediato que los recibiera el dueño.

—Ahora mismo está ocupado con un cliente.

Fray Benito miró fijamente a los ojos del joven y le gritó:

—¡Somos dos jueces de la Santa Inquisición! ¿Quieres acabar con tus huesos en una de nuestras cárceles?

El chico palideció, intentó balbucear algunas palabras de disculpa y se dirigió a la segunda planta. Un minuto más tarde el impresor ya se encontraba frente a los dos inquisidores.

—¿A qué debo el honor de su visita? Tengo unos libros que podrían interesarles...

—No hemos venido hasta aquí para ver libros —dijo secamente fray Benito.

—Entonces...

—Sabemos que ese libro herético de *Diálogo de doctrina cristiana* salió de esta casa, aunque os asegurasteis de no reflejar el nombre de la imprenta. Ahora queremos que nos confirméis si el autor de tal nefando libro fue Juan de Valdés, un joven conquense que reside en la ciudad desde hace unos años.

El hombre se quedó callado.

—Sé quién sois, pero no os protegerá ni el emperador ni sus consejeros. Seguimos órdenes del inquisidor general, quien, a su vez, las sigue del emperador Carlos. ¡Confesad y os aseguro que no os sucederá nada! Únicamente os pediremos todos los ejemplares que tengáis para destruirlos.

Miguel parecía petrificado; no era la primera vez que se enfrentaba a la Inquisición, pero si aquella era una orden directa del emperador, no tenía mucho que hacer.

—Yo no quería, pero algunos profesores me recomendaron el libro y decidí. Espero que eso...

—No os preocupéis, errar es humano. Apuntad aquí en una lista todos los nombres y os aseguro que ni vos ni vuestro negocio sufrirá mal alguno.

Miguel no lo pensó dos veces, puso media docena de nombres y después firmó el papelito.

—Ha sido un gusto tratar con vos, ahora entregad todos los libros que aún os quedan y recuperad todos los posibles, unos mozos que están afuera los destruirán. Habéis hecho un gran servicio a Dios y al emperador, os lo aseguro.

En cuanto los hombres desaparecieron, Miguel mandó una nota a todas las personas que había incluido en la lista para que se pusieran a salvo. Era un traidor, pero esperaba compensar con aquel gesto en parte su error.

Huida

**Alcalá de Henares, mayo del año
de nuestro Señor de 1530**

LA MISIVA LLEGÓ A TIEMPO y Juan decidió salir de
la ciudad cuanto antes. Si el impresor lo había denunciado era
únicamente cuestión de tiempo que terminara en la cárcel por
herejía. Mientras tomaba sus pocas posesiones de la habitación
pensó que iba a echar de menos aquel cuarto; había logrado hacer
de él su hogar.

El joven se dirigió a la casa de su amiga Francisca; no podía
dejar la ciudad sin despedirse de ella. Le abrió una criada y caminó
hasta el salón; conocía la casa como la palma de su mano. La mujer
no tardó en aparecer. Extendió los brazos y se tomaron las manos.

—Juan, ya me he enterado.

—Salgo ahora mismo.

—Pero ¿hacia dónde?

—Iré primero a Escalona, desde allí escribiré a mi hermano,
él es el único que puede ayudarme.

Francisca miró el rostro de su amigo, unas profundas ojeras eran la señal clara de sus preocupaciones.

—Alfonso os ayudará, él tiene una gran amistad con el emperador.

—No estoy seguro de que esta vez sea suficiente.

—Entonces, confiad en Dios, que nunca os ha abandonado.

—En Él sí confío y a Él me encomiendo.

La mujer se acercó hasta el joven y lo besó en la mejilla.

—Nunca os olvidaré, estáis grabado en mi corazón.

Juan intentó reprimir la emoción.

—Vos también corréis peligro.

—Soy hija de Antonio de Nebrija, enseño Retórica, no creo que la Inquisición me moleste demasiado.

—Sentiría mucho que os quitasen la cátedra.

La mujer se encogió de hombros.

—Lo que Dios da, Él lo quita. ¿Quién puede resistirse a sus designios?

Se abrazaron antes de que Juan dejara la casa, salió a la calle y miró a la balconada, ella le despidió con la mano. Sabía que no volvería a verla, al menos en esta vida, pero prefirió no mirar atrás. Si algo había aprendido en su vida era que la nostalgia es un veneno que roba a los hombres la dicha del futuro. Cuando salió de la ciudad giró y la miró por última vez, después continuó su camino; lo único que se llevaba de Alcalá eran amigos, algunos libros y la sensación de que las palabras eran liberadoras y que su belleza era capaz de transformar el mundo.

2ª PARTE

Roma

CAPÍTULO 16

Escalona

«Necio es quien admira otras ciudades sin haber visto Roma».
PETRARCA

**Escalona, julio del año
de nuestro Señor de 1530**

JUAN DE VALDÉS LLEGÓ HASTA Escalona sin percances. Eran poco más de tres días a pie y uno a caballo. Logró que un carretero lo acercase hasta Madrid y desde allí se había unido a unos arrieros que se dirigían a Toledo y pasaban por la localidad. El viaje no fue agotador, pero el joven no pudo evitar mirar a su espalda a cada momento.

El marqués había muerto unos pocos meses antes, pero su hijo Diego López Pacheco y Enríquez lo recibió con afecto. Eran casi de la misma edad y habían compartido mucho cuando eran niños. Se había casado con Juana Enríquez de Velasco. No era el nuevo marqués tan devoto como su padre, pero gracias a su amistad le concedió quedarse en su casa el tiempo que necesitara.

Juan escribió a su hermano y este no tardó en responderle:

Querido hermano.

Me ha entristecido conocer tu situación. ¿Hasta cuándo la verdad será perseguida en nuestra amada nación? Dios es justo y dispone las cosas antes de que nosotros se las pidamos. Creo que es necesario que salgas de Castilla; nunca es fácil abandonar tu tierra, pero es mejor que perder la vida o tener que estar encerrado por una causa injusta. Viaja a Cartagena, allí he enviado un dinero para que puedas tomar un barco para Italia. Mientras estás en Cartagena buscaré un salvoconducto del papa Clemente VII. No escribas a nadie más, la Inquisición te acecha y no dudará en darte caza.

Ya sabes que siempre estás en mis oraciones.

De tu hermano querido. Alfonso.

La carta tranquilizó en parte a Juan. Los días que siguieron en la casa del marqués fueron de lo más productivos. Una agradable noche mientras compartían viandas y conversación, el marqués le preguntó por sorpresa.

—¿Realmente todo lo que decís en vuestro libro se encuentra en las Sagradas Escrituras?

—Naturalmente, en el fondo es un compendio de doctrinas cristianas escritas en forma de diálogo.

—Entiendo. Me ha sorprendido que muchas de esas doctrinas no se enseñen en la Iglesia.

—Muchos de nuestros sacerdotes apenas saben algo de latín, en los seminarios no se estudia la Sagrada Escritura directamente.

El marqués parecía sorprendido.

—¿Por qué no se estudia?

—Se cree que puede llevar a confusión. Los sacerdotes aprenden algunas letanías, un poco de historia, algo sobre concilios y papas, pero muy poco de doctrina.

El marqués arqueó las cejas.

—¿Cómo podría leer la Biblia?

—¿Conocéis el latín?

—Solo los rudimentos.

—Pues antes de marcharme os enseñaré, no es demasiado difícil conseguir una Biblia Vulgata, aunque sí es un poco caro.

—Eso no es ningún problema —comentó el noble.

Las siguientes semanas se las pasó Juan enseñando latín al marqués y a su esposa. Fueron días emocionantes, en los que la pareja pudo leer todo sobre Jesucristo, sus parábolas y milagros, el Sermón del monte y algunas de las epístolas más cortas.

Juan comprendió antes de salir para Cartagena, que Dios había permitido que saliera de Alcalá de Henares con un propósito. Él nunca dejaba que pasaran las cosas sin más; formaba parte de un plan mayor en el que Juan tendría un papel importante. De eso no le cabía la menor duda, aunque no se creía digno de que el creador del universo lo usara a él para difundir su palabra; Dios usaba vasos de barro para que otros pudieran beber de la fuente de agua viva que era su hijo Jesús.

CAPÍTULO 17

Cartagena

«Y mientras yo dormía o bebía en Wittenberg
junto a mis amigos Philip y Amsdorf,
la Palabra debilitaba al papado de forma tan
grandiosa que ningún príncipe o emperador
consiguió causarles tantas derrotas.
Yo nada hice: la Palabra lo hizo todo».
MARTÍN LUTERO

Cartagena, septiembre del año de nuestro Señor de 1530

LA MAYOR VIRTUD DE LOS seres humanos es saber apreciar las pequeñas cosas que la vida les regala. Por eso pensó en pasar por Cartagena antes de tomar un barco que lo llevase a Italia. Llevaba muchos años sin ver a su hermano Diego y ver cómo lo había tratado la vida. El viaje se le hizo largo y pesado, aunque los Reyes Católicos habían mejorado el estado y la seguridad en los caminos, en algunos tramos la Santa Hermandad no hacía nada por los viajeros, sobre todo si no se les pagaba una considerable suma. Tantos años de desgobierno en Castilla, y cambio de monarcas, había deteriorado mucho al reino. El emperador únicamente pensaba en enriquecer a los banqueros para que estos le concedieran préstamos destinados a sus ejércitos y el pago de la corona imperial.

Una década antes, el movimiento de los comuneros, grupo de ciudadanos que no aceptaron los excesivos impuestos y el ser gobernados por los amigos extranjeros de Carlos, tuvieron en jaque a las tropas del rey. Muchas ciudades se habían levantado en rebeldía y algunas habían apelado a la madre de Carlos, la reina Juana, que llevaba años internada en un castillo al considerarla fuera de sus cabales. Los comuneros incluso habían redactado una forma de gobierno para que su rey respetase las costumbres y leyes de Castilla. El rey había respondido a la rebeldía con sangre y fuego, hasta terminar con todo el movimiento; por eso aún se veían las huellas de todos aquellos alborotos en las ciudades y caminos.

Juan llegó a Cartagena en pleno otoño, cuando el frío comenzaba a azotar las tierras de Castilla. Lo primero que le impresionó fue el clima suave y templado, pero aún más el mar. Jamás lo había visto y le pareció una de las mayores y más maravillosas creaciones de Dios.

Su hermano trabajaba como procurador, por lo que se ganaba bien la vida en los tribunales y organizando todos los papeles del corregidor.

—¡Querido hermano! —gritó emocionado Diego al ver a Juan, que ya no parecía el muchacho enclenque que había dejado en Escalona muchos años antes.

—¡Diego, qué gran placer volver a verte!

Se fundieron en un abrazo.

—¿Cómo está padre y toda la familia?

—No he visto a nadie, solo a Alfonso, que ha pasado un par de veces por Alcalá en todos estos años.

La familia Valdés llevaba más de treinta años escapando de las manos de la Inquisición, aunque los inquisidores se habían enconado con ellos cuando Hernán, el padre de Juan y Andrés, otro de los hermanos, se habían enfrentado al inquisidor Antonio del Corro en 1512 para evitar que acusara de herejía a varios vecinos de Cuenca.

—Lo que me sorprende es que vistáis hábito.

El hombre miró sus ropas por unos segundos.

—Me nombraron hace poco arcediano de Villena y formo parte del cabildo de la catedral de Murcia, aunque prefiero vivir en Cartagena.

Los dos hermanos entraron en la casa de Diego y mientras comían, Juan le explicó todo lo que había sucedido en Alcalá y por qué pensaba ir a Italia.

—Bien dicen que España es más papista que el papa.

—Y sabéis que la Santa Inquisición se creó como un instrumento político y no religioso. El rey es el primer beneficiado de este control férreo sobre la población y la amenaza tácita de que si alguien se rebela a la monarquía es mucho más que un traidor, es también un hereje y un traidor a Dios.

—Eso es muy cierto; por ahora no hemos tenido problemas con la Inquisición por aquí. Los señores no les dejan que metan las narices en sus tierras: la mayoría de los jornaleros son de origen morisco y continúan practicando su religión en secreto.

Juan pareció entristecerse al escuchar esas palabras, aunque algo similar pasaba en varias partes del reino.

—Eso sucede porque, en lugar de enseñar la palabra de nuestro Señor Jesucristo, se difunden en el pueblo ideas idolátricas y paganas. De esa forma es mucho más sencillo controlarlo. Los españoles apenas tienen un barniz religioso, y lo ignoran casi todo del cristianismo.

La charla continuó con las habituales preguntas sobre la familia. La mayoría servía como religiosos o se había casado con algún buen partido. Juan le informó de que dos días más tarde viajaría hasta Nápoles y desde allí se desplazaría a Roma. No quería ponerlo en peligro. Diego lamentó que su hermano pasara tan poco tiempo con él, pero no era seguro que permaneciera mucho más en España o la Inquisición terminaría dando con él.

CAPÍTULO 18

Pesquisas

«*Ya que su serenísima majestad y sus altezas
exigen de mí una respuesta sencilla,
clara y precisa, voy a darla, y es ésta:
Yo no puedo someter mi fe ni al papa ni a los
concilios, porque es tan claro como la luz del día
que ellos han caído muchas veces en el error así
como en muchas contradicciones consigo mismos.
Por lo cual, si no se me convence
con testimonios bíblicos, o con razones evidentes,
y si no se me persuade con los mismos textos
que yo he citado, y si no sujetan mi conciencia
a la Palabra de Dios, yo no puedo ni quiero
retractar nada, por no ser digno de un cristiano
hablar contra su conciencia. Heme aquí; no me
es dable hacerlo de otro modo.
¡Que Dios me ayude! ¡Amén!*»*
MARTÍN LUTERO

**Alcalá de Henares, finales de septiembre del año
de nuestro Señor de 1530**

FRAY BENITO Y FRAY JERÓNIMO se dieron cuenta
demasiado tarde de que Juan había escapado. Sabían que una
de las pocas personas que podían informarles de a dónde había
podido dirigirse era Francisca de Nebrija. Acudieron a su casa
muy temprano. No querían que hubiera demasiados testigos.

Francisca era una de las personas más admiradas y queridas de la universidad, aunque también tenía muchos enemigos dispuestos a denunciarla para poder ocupar su cátedra. La criada abrió a los dos monjes y fue a avisar a su ama que todavía estaba en camisón rezando.

—Señora, hay en la puerta dos frailes.

—Dadle una limosna.

—No son mendicantes, señora, son inquisidores.

Francisca se vistió con premura, sabía que algunos miembros de la jerarquía eclesial eran sus valedores, pero con la Inquisición era mejor no jugar. En cuanto entró al salón los dos frailes se pusieron en pie.

—Señora... —dijo fray Benito.

—¿A qué se debe su visita? No creo que tenga ninguna causa pendiente con la Santa Inquisición.

—No venimos por vos, todos saben que es una mujer virtuosa y sabia, algo muy difícil de encontrar, como decía el rey Salomón —comentó Benito con una sonrisa sarcástica.

—La necedad al igual que la sabiduría no tiene sexo, es condición humana, padre.

Jerónimo permanecía en silencio, aprendiendo de su maestro.

—¿Sabéis dónde se encuentra Juan de Valdés?

La pregunta no la pilló por sorpresa.

—¿Debería saberlo?

—¿Acaso no erais buenos amigos?

La mujer sonrió y después le dijo a la criada que les trajera un poco de vino dulce a los frailes.

—No lo puedo negar, el amor de Juan por las letras era una de las cosas que más nos unían.

—¿Ha leído el *Diálogo de doctrina cristiana?* —preguntó el inquisidor en un tono más agresivo.

—Mentiría si dejara que no.

—Ese libro herético fue escrito por su amigo —le espetó el inquisidor.

—Bueno, que yo sepa, aún no lo ha declarado herético ningún teólogo.

El fraile parecía impacientarse.

—Entonces, ¿sabe dónde está el huido de la justicia?

La mujer frunció el ceño.

—¿Juan está acusado de herejía?

—Aún no, pero su huida confirma nuestras sospechas de que, además de hereje, es un asesino. Si lo encubrís estáis cometiendo un delito grave; además de perder la cátedra es seguro que terminéis ingresando a perpetuidad en un convento.

Francisca notó cómo le sudaban las manos. Juan les llevaba unos días de ventaja, y cuando ellos quisieran llegar a Cartagena, él ya habría huido.

—Decidió marcharse a Cartagena para estar unos días con un hermano suyo, aunque ignoro su nombre.

Benito maldijo entre dientes, salieron de la casa y se dirigieron directamente a su convento.

—¿Qué vamos a hacer ahora, maestro?

Benito se paró en seco y miró a su pupilo.

—Esta gente no sabe que la Santa Inquisición tiene oídos y ojos en todos lados. Mandaremos por medio de palomas mensajeras un mensaje a las autoridades de Cartagena y al hermano Miguel; él atrapará a Juan antes de que escape de España.

—¿Pensáis que quiere dejar estos reinos?

El anciano inquisidor afirmó con la cabeza.

—Sin duda, pero lo atraparemos antes de que deje las costas de España.

CAPÍTULO 19

Enemigo

*«Les ruego que dejen mi nombre en paz. No se
llame a sí mismos "luteranos", sino cristianos.
¿Quién es Lutero?; mi doctrina no es mía. Yo
no he sido crucificado por nadie... ¿Cómo, pues,
me beneficia a mí, una bolsa miserable de polvo
y cenizas, dar mi nombre a los hijos de Cristo?
Cesen, mis queridos amigos, de aferrarse a estos
nombres de partidos y distinciones; fuera todos
ellos, y dejen que nos llamemos a nosotros mismos
solamente cristianos, según aquel de quien
nuestra doctrina viene».*
Martín Lutero

**Cartagena, finales de septiembre del año
de nuestro Señor de 1530**

LAS PALOMAS MENSAJERAS LLEGARON VELOCES
a Cartagena; al día siguiente Juan se disponía a viajar a Nápoles,
pero el inquisidor Miguel y varios alguaciles se presentaron en
la puerta de la casa de su hermano Diego. Gracias a los con-
tactos de Diego en la ciudad se había enterado de todo unas
horas antes y había mandado a Juan al puerto, para que se
escondiera en una cantina y tomara el primer barco que saliera
para Italia.

—Muy ilustre señor, estamos buscando a su hermano Juan de Valdés para enviarlo a Alcalá de Henares; allí se ha abierto un proceso contra él y debe acudir de inmediato para defenderse.

Diego negó con la cabeza.

—Ya marchó hace unas horas, tomó un barco para Cerdeña; creo que quería viajar hasta Marsella y desde allí a París.

Miguel parecía contrariado, pero no creyó ni una palabra del hombre.

—Será mejor que no nos mintáis, no importa vuestro cargo. Toda vuestra familia es un atajo de perros judíos y sabremos poneros en vuestro lugar.

—Me ofendéis. Soy un servidor de Nuestro Señor Jesucristo y no voy a consentir...

Uno de los soldados puso su espada en el cuello del hombre.

—¿Dónde está Juan?

Diego se quedó sin palabras, pero debido al temor al final contestó.

—En el puerto, en la cantina la Sirena.

CAPÍTULO 20

Sicilia

«Por lo tanto, esta vida no es justicia, sino crecimiento en rectitud; no salud, sino curación; no ser sino ser; no descanso, sino ejercicio. Aún no somos lo que seremos, pero estamos creciendo hacia él, el proceso aún no está terminado, pero está sucediendo, este no es el final, pero es el camino. Todos todavía no brillan en la gloria, pero todo se está purificando».

MARTÍN LUTERO

Cartagena, finales de septiembre del año de nuestro Señor de 1530

JUAN TENÍA EL CORAZÓN EN la boca cuando llegó a la cantina, su hermano Diego le había comentado que preguntase por un capitán de barco llamado Tomás. Al parecer, el marinero le traía algunas obras italianas; solía viajar a Sicilia y a otras partes de Italia. El joven entró en la cantina medio a oscuras y se acercó al cantinero, un hombre muy grueso de pelo negro y barba rizada.

—¿Sabéis dónde se encuentra el capitán Tomás?

El hombre lo miró con cierta desconfianza. El joven vestía como un caballero y en un lugar como aquel no eran bienvenidos.

—¿Por qué lo preguntáis?

—Tengo que hablar con él de inmediato; mi hermano Diego, el canónigo de la catedral de Murcia, me ha dicho que hace viajes a Italia.

—No lo conozco —mintió el hombre.

—Venid aquí —dijo al final un hombre grande, con una barba pelirroja y un sombrero negro.

El joven se acercó temeroso a la figura cuyo rostro anguloso parecía brillar a la luz de las velas.

—¿Para qué me necesitáis? Estaba jugando una partida de cartas; zarpamos en un par de horas y me temo que el mar está muy bravo para navegar, pero no me queda más remedio.

—Mi hermano me ha pedido que os diga que os recompensará muy bien si salimos de inmediato.

El hombre miró al resto de compañeros de juego.

—Nunca dejo una mano a medias —dijo tras soltar una fuerte carcajada.

Juan parecía aún más desesperado. Se plantó delante y le dijo:

—No lo entendéis, es un asunto de vida o muerte.

Tomás dejó las cartas sobre la mesa y giró hacia el joven.

—¿Habéis puesto los cuernos a algún gentil hombre y ahora os persigue para mataros?

—No, me temo que es algo mucho peor: la Santa Inquisición.

Todos se quedaron callados de repente, la familia de Tomás era de procedencia judeoconversa y sabía lo que significaba ser perseguido por la Inquisición.

—¡Vamos! —exclamó mientras se ponía en pie y detrás de él una docena de hombres—. ¡Zarparemos de inmediato!

—¿Me llevará a Nápoles?

—Lo siento, solo puedo dejaros en Sicilia, pero desde allí no os costará demasiado llegar a la península itálica.

El grupo salió de la cantina y se detuvo frente a un maltrecho velero. Juan miró el barco con recelo; dudaba mucho que aquel cascarón de nuez fuera capaz de atravesar el mar Mediterráneo.

—No lo dudéis, este barco ha cruzado muchas veces el mar. El Santa Marta es uno de los navíos más seguros de Cartagena.

Juan no lo puso en duda; prefería hundirse en mitad del mar que caer en manos de la Santa Inquisición.

Cuando los soldados y el inquisidor llegaron al puerto, el Santa Marta se alejaba en el horizonte. Fray Miguel preguntó en todas las cantinas hasta que se enteró de que su presa se había esfumado. Mandó una carta a los inquisidores para seguir sus instrucciones, pero el tribunal no tenía jurisdicción más allá de las fronteras del reino.

CAPÍTULO 21

Tormenta

«Los zorros usan muchos trucos. Los erizos,
sólo uno. Pero es el mejor de todos».
ERASMO DE ROTTERDAM

Camino de Sicilia, finales de septiembre del año de nuestro Señor de 1530

EL CAPITÁN NO SE EQUIVOCABA con el Santa Marta. El velero era muy veloz y siempre parecía superar todos los obstáculos, pero debía enfrentarse a uno de los peores enemigos de los marineros: las tormentas otoñales en el Mediterráneo. Tras un día de relativa calma, la mañana siguiente se levantó con el cielo completamente negro y un tremendo oleaje.

Una hora más tarde, el capitán recomendó a Juan que se encerrara en la bodega. El barco era zarandeado de un lado a otro y el joven conquense tenía el semblante azulado.

—¡No salgáis hasta que os avise! —gritó el capitán al hombre que bajó las escaleras haciendo eses. Se sentó al lado de un pequeño grupo de personas e intentó no vomitar.

Una mujer le alargó algo para que lo masticase.

—¿Qué es esto?

—Os aliviará el mareo; si vomitáis, acabaremos haciéndolo todos.

El hombre lo masticó y notó cómo su estómago se asentaba un poco.

El barco seguía zarandeándose y tenían que aferrarse a las maderas y vigas más cercanas; tras dos horas de tormenta, el navío parecía sosegarse de nuevo.

—¿Quién sois? —preguntó Juan a la mujer que lo había ayudado.

—Nicolasa de Ávila, una de las gentiles damas de la virreina de Nápoles. Tuve que regresar a España por unos asuntos familiares; iba a tomar el barco que salía para Nápoles, pero no encontré pasaje y no me quedó más remedio que viajar en este cascarón, aunque parece que ha resistido la tormenta.

—Yo soy Juan Hernández —mintió el joven, no quería dejar pistas de su viaje a Italia.

—Encantada de conoceros.

Los dos comenzaron una amena conversación. Nicolasa llevaba varios años al servicio de la señora María Osorio y Pimentel, marquesa de Villafranca, sobre todo como institutriz de sus hijas. Ahora que la marquesa iba a trasladarse a Nápoles para acompañar a su esposo, Nicolasa lo estaba preparando todo para que la marquesa no echara de menos su casa en Toledo.

—No sé mucho del reino de Nápoles, aunque me constaba que el reino de Aragón llevaba años dominando aquellas tierras —le comentó Juan a la mujer.

—Allí los españoles somos tratados como hermanos, aunque es cierto que los napolitanos son algo liantes y mentirosos, pero muchos son honrados y amigables.

—Espero conocer algún día la ciudad.

—¿Dónde os dirigís?

—Bueno, en principio más al norte.

—¿Venecia, Florencia, Milán...?

—Estaré viajando por diferentes lugares. Llevo toda la vida entre libros, creo que es un buen momento para conocer mundo.

—Os recomiendo que visitéis Roma, la Ciudad Eterna, estoy segura de que os encantarán sus palacios y sus viejos edificios.

—Lo haré, sin duda.

Los siguientes días transcurrieron en calma y pudieron disfrutar del viaje. Cuando atracaron en Palermo, a Juan le costó separarse de su nueva amiga.

—Espero volveros a ver —dijo el joven conquense.

—Nunca sabemos qué nos depara el destino.

Tomás recomendó a Juan un lugar en el que alojarse mientras tomaba su barco hasta Ostia; desde allí había poco más de un día a pie hasta Roma. Esperaba que su hermano hubiera escrito al papa para recomendarle a su servicio. Apenas le quedaban monedas en su bolsa y aún sentía el aliento de la Inquisición en su espalda.

CAPÍTULO 22

La corte del papa

*«El diablo, el creador de angustias tristes y
problemas inquietos, huye ante el sonido de la
música casi tanto como ante la Palabra de Dios...
La música es un don y una gracia de Dios, no
una invención de los hombres. Por lo tanto,
expulsa al diablo y hace que la gente esté alegre.
Entonces uno olvida toda ira, impureza y otros
dispositivos».*
MARTÍN LUTERO

**Roma, primeros de octubre del año
de nuestro Señor de 1530**

ALFONSO HABÍA VIAJADO A GÉNOVA con el emperador Carlos V. Esperaba que su hermano se hubiera unido a ellos,
pero la precipitada huida desde Cartagena se lo había impedido.
Su plan era llegar a Roma al mismo tiempo que Juan, y así presen-
tarlo a las personas pertinentes y asegurarse de que nadie hiciera
demasiadas preguntas en la corte papal.

Los inquisidores no se habían quedado ociosos. Habían mandado una orden a su majestad pidiendo que Juan fuera depor-
tado a España en cuanto pusiera un pie en Italia, pero Alfonso
había logrado que la misiva no llegase a Carlos y que sus colegas

secretarios contestasen con una negativa a los inquisidores. Por ahora, todo su plan parecía estar funcionando a la perfección.

Cuando Alfonso llegó a la corte papal, aún no había llegado Juan a Roma. Por eso pidió audiencia inmediata con el papa Clemente VII.

El papa parecía mucho más viejo que unos meses antes; sus constantes intrigas parecían pasarle factura. Era hijo natural de Juliano de Medici, uno de los hombres más poderosos de su tiempo, pero como la mayoría de las familias poderosas italianas, los Medici no eran más que comerciantes venidos a más.

Clemente estaba observando las flores de su jardín cuando Alfonso entró. El hombre tardó unos segundos en lograr enderezarse.

—Alfonso —dijo mientras extendía su mano para que le besase el anillo.

—Santidad, me alegro de volver a veros.

—Dejaros de protocolos, siempre seréis un buen amigo para mí, siempre habéis sido un buen defensor de mi causa ante el emperador.

Alfonso consideraba a aquel hombre el resultado de su tiempo, donde lo espiritual estaba muy alejado del reino material del papa y de sus intereses políticos. Todos creían que había sido un gran cardenal, pero que como papa era mediocre, pero lo cierto era que casi todos sus planes habían fracasado y ahora le tocaba un sometimiento servil al emperador.

—Ya os adelanté mi petición. Mi hermano Juan está a punto de llegar a Roma; ha tenido que abandonar Castilla precipitadamente, y no os oculto que ha sido por la injusta persecución de los inquisidores.

Clemente tomó asiento, parecía agotado.

—No me agradan los inquisidores; tengo la sensación de que mi vida ha sido como la consecución de una tragedia griega. Os aseguro que jamás pensé que me convertiría en papa. No soy un gran cristiano; hay millones mejores que yo, pero en ocasiones Dios te pide un servicio para el que no te ves digno. Me dieron una Iglesia partida en dos, un trono roto y desmenuzado por los nobles de Roma y los ambiciosos señores de las ciudades italianas. Intenté mantener la independencia de mis estados, por eso luché contra vuestro señor, pero ahora entiendo que es el único que puede ayudarme a mantener todos mis dominios y, sobre todo, buscar de nuevo la unidad de la Iglesia. La Inquisición española hace un flaco servicio a mi deseo de reconciliación.

—Lo entiendo y sabéis que soy del mismo parecer. Espero que mi hermano os sirva fielmente.

—Habéis servido bien a mi papado, vuestro hermano seguramente también lo hará.

Alfonso se retiró más tranquilo de la presencia de Clemente. Uno de los grandes defectos del papa era su inseguridad y cambio constante de opinión.

Unos días más tarde Juan llegó a Roma, se había dejado crecer la barba y parecía un ermitaño. Alfonso le enseñó la ciudad y pidió a uno de los secretarios del papa que lo alojara en el complejo palaciego de Clemente, allí estaría más seguro que en el mismo cielo.

—Tengo que presentaros al hombre que os guiará en la corte; ya sabéis que es un mundo muy complejo.

—¿De quién se trata?

—Es Juan Ginés de Sepúlveda, el actual cronista del emperador.

Mientras Alfonso y Juan se encontraban con el escritor cordobés, desde Toledo la Inquisición seguía moviendo sus hilos para capturar a Juan: decidieron que los dos inquisidores que se habían encargado del caso viajaran hasta allí para conseguir que el papa permitiera la repatriación y el juicio de Juan, aunque tuvieran que emplear todos los recursos posibles en conseguirlo.

CAPÍTULO 23

En la casa del lobo

«El dueño de un prostíbulo no peca menos que un
predicador que no entrega el verdadero evangelio.
El prostíbulo es tan ruin como la iglesia
del falso predicador».
MARTÍN LUTERO

Roma, enero del año de nuestro Señor de 1531

LOS PRIMEROS MESES FUERON FRENÉTICOS. El papa Clemente VII lo nombró criado en su corte, pero no estaba muy seguro de lo que tenía que hacer. Juan Ginés de Sepúlveda era una de las pocas personas en las que podía confiar.

—¿Pensáis que debo presentarme al papa?

Ginés miró de arriba abajo al joven vestido con el uniforme de los funcionarios vaticanos.

—No seáis ingenuo, para el papa ni existís. A los italianos los españoles les hacemos gracia, pero no les gusta que nos metamos en donde no nos llaman. Además, pensad que tenemos ocupada media Italia y que ellos nos consideran inferiores.

—Entiendo —comentó Juan a su nuevo amigo, con el que compartía muy pocas cosas. Juan Ginés de Sepúlveda era antieras-mista, ya que su maestro en Alcalá de Henares había sido Sancho

117

Carranza de Miranda, que odiaba al holandés. También estaba en contra de las ideas de Lutero, pero en cambio era un erudito en el griego del Nuevo Testamento.

—Hay una sola iglesia verdadera y todas las demás son sectas peligrosas.

—¿También consideráis sectas a las iglesias ortodoxas y otras anteriores a la católica?

—En parte sí —contestó Ginés—, ya que no reconocen la autoridad de Roma que fue impuesta a través de Jesucristo con su representante en la tierra, el apóstol Pedro, que fue el primer papa.

—¿Cómo podéis decir eso vos, que sois conocedor de las Sagradas Escrituras?

—No fue el mismo Jesús quien dijo: «Tu nombre será Pedro y sobre esta piedra edificaré mi iglesia».

Juan se cruzó de brazos.

—Bueno, por lo que sé en el texto griego de Mateo se utilizan dos palabras diferentes para nombrar a Simón: se usa *Petros,* que es piedra, y la palabra *Petra,* que es la piedra que se utiliza para hacer la base de los edificios. Pedro era la pequeña piedra y Cristo es la grande. Lo vemos en otros textos, como el de la carta a los Corintios donde dice: «...nadie puede poner otro fundamento que el que está puesto, el cual es Jesucristo».[1] Después se añade en Efesios que la piedra angular sobre la que se basa la Iglesia es Jesucristo. El mismo Pedro dijo en su primera epístola que los creyentes éramos pequeñas piedras de un edificio que es la Iglesia. La idea de que el papa es vicario o representante de Cristo en la tierra no parece sustentarse con garantías en un solo versículo

---

1 1 Corintios 3:11 Versión Reina Valera 1960

sacado de contexto. Si hiciéramos esto, podríamos sacar doctrinas de casi cualquier cosa.

Ginés frunció el ceño y le dijo:

—¿Entonces, qué hacéis sirviendo al papa? Me parece una profunda contradicción.

—Yo lo considero el obispo de Roma, dotado del apoyo de la tradición y de los concilios, pero no intermediario. El único mediador entre Dios y los hombres es Cristo.

—Esas palabras tienen un peligroso tufillo luterano.

Juan comenzó a sudar; lo último que necesitaba era que lo identificaran como uno de los seguidores de Lutero. La Iglesia en Occidente se había dividido en dos facciones casi irreconciliables y en aquel momento uno debía elegir en qué bando se encontraba.

—No soy luterano, simplemente leo la Palabra de Dios y creo que en ella hay palabras de vida eterna.

En ese momento salió uno de los criados del papa y le dijo a Juan que podía entrar a su presencia.

El conquense entró en la lujosa sala algo intimidado, sobre todo después de la discusión con Ginés, pero este se mostró cordial y discreto, y no dijo nada delante de Clemente.

—Juan de Valdés, un gran placer conoceros, soy admirador de vuestro hermano, un leal y fiel servidor del emperador.

Juan le besó el anillo e hizo una breve reverencia.

—He leído vuestro libro.

El joven se echó a temblar.

—Lo siento…

—No tenéis que sentir nada. Los inquisidores españoles son demasiado celosos de la fe. No he encontrado errores doctrinales en su lectura; es la pura y sencilla enseñanza de nuestro Señor.

Ojalá todo el pueblo cristiano lo leyera, pero al abrirse un proceso en España no puedo autorizar su lectura hasta que este contencioso se resuelva.

—¿Pensáis enviarme a España?

El papa sonrió.

—No, por Dios, esa gente sería capaz de acusar al mismo Jesucristo de ser judío. Esperaremos a que las aguas se calmen; no hay mal que cien años dure. Ya sabéis el dicho. Me place teneros de criado de cámara. Ya veréis que no es un cargo servil, simplemente estaréis conmigo en las comidas, más para darme conversación que otra cosa.

Ginés se marchó y Juan se quedó con Clemente. Este le ofreció una copa de vino.

—Ahora que la muerte se acerca, me pregunto muchas veces si hice lo correcto. Formar parte de la familia Medici es una dura carga. Mis antepasados eran los hombres más brillantes de Italia, pero también hicieron cosas deleznables. La etapa más feliz de mi vida fue cuando me nombraron Gran Maestre de Florencia, pero Dios tenía dispuestas cosas aún más grandes para mí.

Juan se mesó la barba, que se había recortado un poco tras su llegada a Roma.

—¿Cómo sabéis cuándo se está bajo la voluntad de Dios? Yo tengo la sensación de llevar toda mi vida escapando, me siento como Jacob, el patriarca.

—Vos sois Jacob y yo Moisés. Dios me rescató de las aguas y de una muerte segura. Él usa gente como nosotros, no porque seamos perfectos, sino porque estamos dispuestos y somos capaces de acudir arrepentidos una y otra vez a Él. Dios humilla a los soberbios, pero exalta a los humildes. ¿Veis las sedas y los oropeles que me rodean? Dicen que son para dar la gloria a Dios, pero a mí me molestan. Apartan la mirada de los creyentes de Cristo y la fijan en el poder terrenal.

El joven iba a preguntar algo pero al final se mordió la lengua.

—¿Qué ibais a decir? No os preocupéis. Si odio algo es estar rodeado todo el día de aduladores. De los castellanos me gusta precisamente su franqueza.

—¿Por qué habéis luchado por el poder temporal de los papas y contra el emperador?

Clemente sonrió y dijo:

—¿Cómo nos interpretará la historia? Seguramente nos juzgue como avariciosos y codiciosos, pero no hay nada más lejos de la realidad. Siempre he vivido entre lujos, no necesito nada de esto. Lo único que pretendía era defender la independencia del papado. El emperador la ponía en peligro, pero me derrotó. Ahora me asegura que no se meterá en los asuntos de la Iglesia, pero me presiona para que convoque un concilio y pacte con esos luteranos.

—¿No sería mejor un pacto que debilitar a la cristiandad frente al turco?

—Sí, pero no un pacto a cualquier precio. Esos luteranos están divididos entre ellos y terminarían por destruir la Iglesia. No se puede interpretar la Biblia fuera de la luz de los teólogos de Roma.

Juan sabía que hacía rato que se movía por terreno cenagoso. El papa era su único valedor y no podía contrariarlo, pero podía más en él el peso de la verdad que su seguridad.

—Es cierto que cualquiera no puede interpretar la Escritura, pero Dios le dio a los creyentes al Espíritu Santo para que interpretasen su Palabra.

Clemente frunció el ceño; aquella conversación lo estaba cansando, Juan lo comprendió de inmediato y se despidió del papa. Mientras se alejaba a sus aposentos, pensó que en el trono de Pedro se sentaba un hombre juicioso; no siempre había sido así, pero sin duda Clemente parecía preocupado por la Iglesia y su estado actual.

CAPÍTULO 24

Hogueras

«Nuestro trabajo es llevar el evangelio a los oídos,
y Dios lo llevará de los oídos a los corazones».
Martín Lutero

Roma, abril del año de nuestro Señor de 1531

LA MUERTE COMENZABA A EXTENDERSE por toda Europa; las guerras de campesinos en todo el imperio, la lucha contra los protestantes en Francia y otros reinos vaticinaban un gran baño de sangre.

Fray Benito y fray Jerónimo llegaron a Roma en plena primavera. Como era su costumbre, buscaron refugio y después fueron al Vaticano para informar del proceso a las autoridades eclesiásticas. Los dos inquisidores fueron recibidos por Juan Ginés de Sepúlveda y el secretario principal del papa.

Los dos frailes les contaron todos los detalles del proceso y les pidieron al representante del emperador y al secretario del papa que le entregasen a Juan.

—Lo sentimos, pero antes tendrán que acusarlo ante la corte del papa; nosotros no aceptamos las resoluciones de la Inquisición en España.

Fray Benito los miró con los ojos encendidos, y enseguida intentó calmarse un poco; sabía que no conseguiría nada con esa actitud.

—Haremos una petición formal; este hereje es muy peligroso, además de un asesino, no descansaremos hasta verlo arder en la hoguera.

Cuando los dos inquisidores abandonaron el palacio, Ginés se fue a hablar directamente con Juan. El joven estaba en ese momento leyendo en la biblioteca.

—Juan, ¿sabéis que dos inquisidores han estado preguntando por vos?

El joven cerró el libro y lo miró algo nervioso, no podía creer que lo hubieran seguido hasta allí.

—No es posible.

—No os preocupéis, tenéis la protección de dos de las personas más poderosas del mundo, aunque os aconsejo que os andéis con cuidado. Esos hombres son capaces de secuestraros y llevaros a la fuerza a España.

Juan sintió un sudor frío que le recorría la espalda.

—Si han llegados hasta aquí son capaces de cualquier cosa.

—Estáis en este puesto por decisión del emperador. Debéis haceros con la confianza del papa con el fin de mantenerlo informado, ya sabéis que no se fía de Clemente; ya lo ha traicionado en varias ocasiones.

Aquellas palabras tranquilizaron en parte a Juan, pero por otro lado era consciente de que los tentáculos de la Inquisición llegaban casi a cualquier parte y que tenía muchos partidarios en el mismo Vaticano.

CAPÍTULO 25

Consejo

«Siendo propiedad del Señor Jesucristo a gran precio adquirida, no debemos ser esclavos de Satanás ni de hombre, sino señores verdaderamente libres que no sirven al pecado sino al Señor Jesús».
Martín Lutero

Roma, junio del año de nuestro Señor de 1531

DESDE LA ADVERTENCIA DE JUAN Ginés de Sepúlveda, el joven Juan de Valdés se encontraba siempre inquieto y en guardia. Nunca salía solo de los complejos palaciegos del papa e intentaba pasar desapercibido. Muchas tardes las pasaba charlando con Clemente. Las conversaciones con el papa eran largas y cada vez más íntimas, como si el italiano estuviera confesándose antes de partir.

—Llevo años trabajando en la reforma de las órdenes religiosas; siempre admiré la determinación del cardenal Cisneros en España. Su labor fue encomiable, pero lo que no comprendo es cómo se ha imitado su postura en el resto de la cristiandad. Los monjes deben ser ejemplo de virtud y siempre respetar sus votos.

—Es cierto, su santidad, pero la mayoría de las órdenes no cumplen su regla.

—Lo sé, aunque últimamente muchos de los priores están obligando al estricto cumplimiento de las reglas de los fundadores.

—¿No sería mejor arreglar esto en un concilio? —le preguntó insistentemente Juan.

—No todas las soluciones de la Iglesia pasan por un concilio universal, en muchos casos incluso ha sido contraproducente.

Juan sabía que el papa tenía numerosos enemigos, entre ellos la poderosa familia de los Farnesio, todos estaban esperando que diera un paso en falso para terminar con él.

—Tengo otra inquietud.

—¿Qué os sucede? Llevo semanas viéndoos nervioso y decaído.

—Bueno, la Inquisición ha enviado a dos de sus hombres para llevarme a España.

—No debéis temer nada —comentó el papa con voz suave—, mientras vuestro hermano y yo velemos por vuestra vida nadie podrá haceros daño.

El joven conquense no estaba tan seguro. Aquella tarde salió del palacio para dirigirse hasta la casa del embajador del emperador; tenía que ponerlo al día de todas sus pesquisas. Era pronto aún y pensó que ni siquiera los inquisidores intentarían echarle mano delante de todo el mundo, pero estaba equivocado.

Juan se dirigió a la embajada que se encontraba a unas pocas calles del palacio del papa. Los romanos paseaban por las calles sin prisa, mientras muchos peregrinos se dirigían a los edificios más sagrados antes de que las iglesias cerrasen. El joven no se percató de que dos hombres lo seguían de cerca; cuando se introdujo por una calle menos transitada, los dos hombres se abalanzaron sobre él. Juan no era un hombre fuerte ni tenía habilidad alguna para defenderse, pero logró soltar la capa y correr a toda velocidad hasta la embajada. Sus perseguidores se acercaban peligrosamente cuando llegó a la puerta y llamó con fuerza.

—¡Abridme, socorro!

El guardián abrió la puerta sobresaltado.

—¿Qué sucede?

Juan le empujó para dentro y cerró el portón justo a tiempo.

—¡Qué diablos!

—Me perseguían, estaban a punto de echarme el guante.

Juan no se atrevió a regresar al Vaticano hasta que el secretario del papa le mandó a varios soldados para que lo escoltasen hasta sus aposentos. Había logrado escapar por esta vez, pero temía que tarde o temprano los esbirros de la Inquisición lograran atraparlo.

CAPÍTULO 26

La caída

«También decía que a Dios ninguna cosa le habemos de pedir señaladamente, salvo que debemos pedirle simplemente el bien. Y por esto yerran los que demandan a Dios mujer rica, hacienda, honra, reinos, vida luenga y así otras cosas. Parece que éstos señalan a Dios y le quieren mostrar lo que debe hacer, a Él, que sabe mejor lo que nos cumple que nosotros mismos».
ERASMO DE ROTTERDAM

Viena, 5 de octubre del año de nuestro Señor de 1532

JUAN HABÍA ACUDIDO PRESTO A Viena cuando su hermano le dijo que se encontraba muy enfermo. Una de las cosas que más temía era la muerte de sus seres queridos. Ahora que los inquisidores habían desistido de atraparlo en Roma y que se había acostumbrado a la vida sencilla en el Vaticano, la enfermedad de su hermano lo hacía sentirse inseguro de nuevo.

En cuanto Juan llegó al palacio en el que estaba Alfonso, los sirvientes del emperador lo acompañaron hasta su aposento. Llevaba varios días en cama; su cara pálida y su cuerpo extremadamente delgado no vaticinaban nada bueno. Su hermano acababa de cumplir los cuarenta años y hasta ese momento había gozado de una envidiable salud.

—¡Juan! —exclamó Alfonso al verlo entrar y, por unos instantes, sus ojos se iluminaron.

Le agarró la mano, pero sin fuerza.

—No te preocupes, estoy seguro de que mejorarás.

—No, Dios me llama a su presencia, tal vez no le he servido como debía. Siempre dudé en entregarme por completo a Él, aunque ahora sé que nada vale la pena fuera de su presencia.

Juan intentó aguantar las lágrimas, tragó saliva e intentó animarlo.

—Dios es el único que tiene la llave de la vida y la muerte, pero estoy seguro de que si es tu día te acogerá con los brazos abiertos; es un padre bondadoso que anhela encontrarse con sus hijos.

Alfonso esbozó una sonrisa y le señaló con la mano la mesita.

—Ese es el manuscrito de una obra que acabo de terminar. No quiero que nadie más lo lea; envíalo a Alcalá de Henares. Quiero que busques a un buen impresor.

Juan se encogió de hombros.

—No sabía que estabas escribiendo algo.

—Después del libro *Diálogo de Mercurio y Carón,* no quería escribir otro. Mi posición como secretario del emperador siempre ha sido delicada, pero ahora que me marcho de este mundo, ya no me importan esos menesteres. Aun así, quiero que sea publicado como obra anónima, nuestra familia ya tiene suficientes enemigos.

Juan tomó el manuscrito y comenzó a ojearlo.

—Es un libro que levantará mucha polémica, porque denuncia el estado en el que se encuentra nuestra amada España. El mundo está cambiando demasiado rápido y la vida humana cada vez tiene menos valor.

—¿Cómo queréis que se titule?

Alfonso sonrió ligeramente.

—*El lazarillo de Tormes*. Está basado en la historia que me contó un hombre hace años.

En ese momento, Alfonso comenzó a toser con fuerza y echó algo de sangre en el pañuelo. Juan le acercó un poco de agua.

—No te marches, quédate conmigo —le pidió. Después se quedó dormido, como si su corta conversación le hubiera supuesto un gran esfuerzo.

De madrugada, el joven conquense escuchó una tos, se despertó y miró a su hermano.

—¿Estás bien?

Alfonso parecía mirar al infinito.

—¿No lo ves?

Juan miró al techo casi negro por la escasa luz de las velas.

—No veo nada, Alfonso.

—Es Jesús, viene en la nube en la que un día se fue.

Los ojos de su hermano se llenaron de lágrimas.

—¡Qué paz, qué inmensa paz, al final soy libre! —dijo Alfonso, luego dio un largo suspiro y se quedó quieto con los ojos abiertos y una expresión de felicidad increíble.

3ª PARTE

Nápoles

CAPÍTULO 27

Muerte de un papa

«Vale más tener envidiosos que inspirar piedad».
Erasmo de Rotterdam

**Roma, 24 de septiembre del año
de nuestro Señor de 1534**

JUAN PASÓ UNOS MESES MUY difíciles tras su regreso a
Roma. Todo el día lo pasaba encerrado en el palacio. Lo único que
mantenía era correspondencia con algunos de sus viejos amigos.
Dedicaba mucho tiempo a leer en la biblioteca y estaba escribiendo algunas cosas, más por distraer el espíritu, que con el afán
de publicar algún día. Tras la persecución desatada con su *Diálogo
de doctrina cristiana* se le habían quitado las ganas de volver a
intentarlo. Se carteó con Mateo del Canto, que tenía una imprenta
en Medina del Campo, una de las ciudades más comerciales de
Castilla y la que tenía el mejor mercado de todas. El resto del
tiempo lo pasaba en sus largas charlas con el papa Clemente VII.

Unos meses antes, Juan Ginés de Sepúlveda le había comentado que Carlos V aún estaba buscando un sustituto para su hermano Alfonso, pero había estado muy ocupado intentando meter
en vereda a los protestantes. Juan no estaba seguro de haber querido aceptar el ofrecimiento.

Las malas noticias suelen presentarse juntas, por eso cuando se enteró de que el papa se encontraba muy mal, se dio cuenta de que era el momento de intentar alejarse de Roma.

Juan acudió a las habitaciones del papa en cuanto este se lo pidió. A su alrededor había media docena de criados y consejeros; les ordenó a todos que los dejaran a solas.

—Son cuervos a la espera de devorar mi cuerpo —dijo mientras, con un gran esfuerzo, se incorporaba en su cama. Juan lo ayudó colocando un cojín en su espalda.

—Lamento que os encontréis mal.

—Apenas me reconozco en este cuerpo viejo y decrépito. Ahora me pregunto por qué tenemos tanta ambición y deseos; somos como un suspiro, como unos tontos infelices corriendo tras el viento. Ya dijo el sabio Salomón que todo es vanidad.

Juan intentó aguantar las lágrimas; había llegado a apreciar a aquel hombre a pesar de las muchas diferencias que los separaban.

—Ten cuidado con Alejandro Farnesio, nunca he conocido a un hombre más peligroso. Los Farnesio siempre han envidiado a los Medici. Su ducado de Parma es un pueblucho comparado con Florencia. Coincidimos un tiempo en Florencia; siempre me ha odiado. Dice que soy débil; lo hicieron presbítero hace quince años, y ahora es obispo de Ostia y el rector del Colegio Cardenalicio. Está esperando mi muerte para ocupar mi puesto. Él conoce todo tu proceso en España y te enviará allí en cuanto muera. He mandado que te escribieran un salvoconducto; te servirá para irte a Nápoles. El virrey es un viejo amigo. Pedro de Toledo no es muy amigo de la Inquisición, tampoco de los Farnesio. Es de los caballeros de la vieja escuela, fue paje del mismo Fernando el Católico; de él aprendió su audacia y sentido de estado. Su esposa, María

Osorio y Pimentel es una de las mujeres más inteligentes de toda Italia. La familia lleva ya unos años en Italia. Pedro de Toledo era la mano derecha del cardenal Pompeyo Colonna.

Juan estaba tan nervioso que no supo qué decir, tomó la carta de recomendación de la mesa y salió del salón. Su cargo no le permitía asistir a la muerte de un papa. Sabía que Clemente moriría en la más absoluta soledad a pesar de estar rodeado de gente. En el fondo, a la mayoría de ellos les convenía su fallecimiento. En el Vaticano la única ley sagrada era la ambición desmedida.

Al salir se cruzó con el cardenal Alejandro Farnesio y este se le quedó mirando fijamente sin decirle nada, aunque no hacía falta: su mirada le taladró el alma y lo hizo estremecerse.

CAPÍTULO 28

Tiempos difíciles

*«Gran vergüenza y afrenta nuestra es, que un sólo
fraile (Martín Lutero), contra Dios, errado
en su opinión contra toda la Cristiandad,
así del tiempo pasado de mil años ha, y más como
del presente, nos quiera pervertir y hacer conocer,
según su opinión, que toda la dicha Cristiandad
sería y habría estado todas horas en error.
Por lo cual, Yo estoy determinado de emplear
mis Reinos y señoríos, mis amigos, mi cuerpo,
mi sangre, mi vida y mi alma».*
EMPERADOR CARLOS V

**Roma, 13 de octubre del año
de nuestro Señor de 1532**

JUAN PREPARÓ TODAS SUS COSAS para huir presto
de Roma. La proclamación de Alejandro Farnesio era inminente;
el colegio cardenalicio estaba a punto de elegirlo como el papa
Paulo III. El nuevo papa ya tenía 66 años, amaba el lujo y era
un hombre despótico, no soportaba un no por respuesta y todo
el mundo le temía. Lo último que quería Juan era enfrentarse a
él. Una de las intenciones de Paulo III era favorecer todo lo que
pudiera a su familia y desterrar a todos los Medici. Una de sus
primeras medidas fue nombrar cardenales a dos de sus nietos, uno

de dieciséis años y otro de catorce años de edad. Paulo III también ambicionaba reformar a toda la curia romana que era extremadamente corrupta e ineficaz. Estaba más abierto a la celebración de un concilio y era un aliado del emperador.

Juan no había hecho muchos amigos en Roma. El más cercano, Juan Ginés de Sepúlveda, llevaba un tiempo en Nápoles, por lo que ya nada lo detenía allí.

Una mañana tomó todas sus pertenencias, que apenas habían cambiado desde su llegada de España, contrató a un carretero y se dirigió hacia Nápoles. Cuando el papa Paulo III se enteró de que había abandonado la corte sin su permiso entró en cólera, pero cuando quiso reaccionar Juan ya se encontraba muy lejos de allí.

La entrada en la ciudad de Nápoles no pudo ser más decepcionante. Por debajo de los Estados Pontificios, Italia era tan pobre que parecía más un pequeño estado del norte de África que de Europa. La gente vestía pobremente, la ciudad estaba sucia y había obras por todas partes. Enseguida echó de menos la suntuosa y lujosa Roma, aunque pensó que al menos allí se sentiría más seguro.

Aquella primera noche en Nápoles se quedó en una humilde pensión apenas le quedaba dinero. Su puesto en el Vaticano estaba muy mal pagado; escasamente cubría su manutención y no había logrado ahorrar nada.

Al día siguiente se levantó temprano, se dirigió al palacio de gobierno, uno de los pocos edificios nobles que había. Al llegar, un guardia lo detuvo en la puerta, pero al ver que era español se mostró más amable.

—¿Qué hacéis aquí? —preguntó el sargento de la guardia.

—Tengo que hablar con el virrey.

El hombre frunció el ceño.

—¿El virrey? Las audiencias con él tardan semanas, en algunos casos meses.

—No puedo esperar tanto.

—Lo siento, pero el virrey está muy ocupado.

—¿No podría hablar con uno de sus secretarios? —preguntó Juan con gesto suplicante.

El soldado negó con la cabeza.

—Será mejor que mandéis una carta formal.

Juan salió del edificio completamente hundido, pero apenas había dado unos pasos cuando escuchó a sus espaldas una voz.

—¡Juan Hernández!

Era una mujer que no reconoció al principio, pero cuando se acercó a él ya no le cupo duda.

—¿Sois Nicolasa de Ávila?

La mujer le contestó con una sonrisa. Juan recordó que Nicolasa era la institutriz de la mujer del virrey; si alguien podía ayudarlo para que este lo recibiera sin duda era ella. Agradeció entre dientes a Dios su cuidado; él siempre estaba a su lado por difícil que fuera la situación.

CAPÍTULO 29

La esposa del virrey

«Abominas el nombre del diablo,
y en oyéndole te santiguas,
y eres tú mismo aquel diablo que aborreces».
ERASMO DE ROTTERDAM

Nápoles, 16 de octubre del año
de nuestro Señor de 1532

NICOLASA ERA MUCHO MÁS QUE la institutriz de los hijos de María Osorio y Pimentel: era su confidente y una de sus mejores amigas. Aquel mismo día lo llevó a uno de los mejores sastres de la ciudad para que le hiciera un traje nuevo, pues no se podía presentar ante una de las mujeres más elegantes de Italia con esas ropas monacales y viejas. Al día siguiente, tras invitarlo a un suntuoso almuerzo, porque el rostro de Juan estaba tan pálido por la delgadez que parecía un muerto, ambos fueron al palacio de su señora.

Juan tuvo que confesar que cuando se conocieron le mintió con respecto a su apellido. Le narró sus peripecias y su necesidad de huir de España y de la Inquisición.

El edificio estaba ricamente decorado a pesar de la pobreza de los materiales de construcción. Pasaron por varias salas hasta llegar a las habitaciones privadas de María Osorio, donde ningún hombre solía entrar, ni siquiera su esposo.

—Mi señora, dejad que os presente a uno de los hombres más sabios de Italia, además de uno de los más humildes: Juan de Valdés. Su hermano Alfonso fue la mano derecha de nuestro amado emperador.

María lo miró con sus ojos negros. Su cara era tan bella como la de un ángel a pesar de su edad y de haber tenido muchos hijos; su pelo castaño estaba recogido y sus formas perfectas se adivinaban debajo de un elegante vestido de seda.

—Juan de Valdés, el famoso autor de *Diálogo de doctrina cristiana*.

El hombre se quedó mudo, lo último que esperaba era que aquella mujer conociera su obra. Aquello le pareció un mal augurio.

—Señora marquesa —dijo con una reverencia.

—Sentaos, vuestro libro me fascinó cuando lo leí; lo que no entiendo es por qué la Inquisición lo prohibió, bueno sí lo entiendo, esos frailes son tan obtusos como el sanedrín que condenó a Cristo.

—Me halagáis.

—No es mi intención, sino haceros justicia. Ahora en nuestra amada tierra no se puede leer nada. Casi todos los libros de espiritualidad están prohibidos, en especial los escritos por las mujeres.

Juan escuchaba con atención y admiración a la mujer; le parecía tan hermosa y sabia que tuvo la sensación de encontrarse en el cielo.

—Todos los jueves celebramos una sencilla tertulia en mi casa y estaría encantada de que me acompañarais; no acude mi marido que siempre anda muy ocupado en las cosas de gobierno, pero viene la mayoría de los españoles ilustres que hay en esta ciudad infecta, que uno al final aprende a amar. Mi esposo os recibirá en unos días, no os preocupéis, y os garantizo que estaréis protegido por su gobierno.

Juan respiró algo más tranquilo. Tras la breve visita, Nicolasa lo acompañó a la nueva pensión que había elegido para él, un poco más decente y cómoda.

—No sé si podré pagar una habitación aquí.

La mujer le entregó una bolsa de monedas.

—No puedo aceptarlo.

—Mi señora insiste; hasta que su esposo os conceda una pensión no quiere que paséis necesidad. Ese Clemente VII era un tacaño, como todos los Medici.

—Muchas gracias, me habéis salvado la vida.

—No me las deis a mí, Dios cruzó nuestros caminos. Él siempre tiene un propósito para todos nosotros. Jamás nos desampara.

El hombre se dirigió hasta su habitación y se tumbó en la cama; aquella mujer y su señora habían apaciguado por un momento su solitario corazón. Llevaba mucho tiempo viviendo su fe en soledad, incluso notaba que esta se apagaba poco a poco. Tal vez en Nápoles encontrara a los hermanos que llevaba tanto tiempo buscando, se dijo, mientras su mente recordó Alcalá de Henares y a su querida Francisca de Nebrija. Llevaba mucho tiempo sin saber nada de ella, aunque jamás la había olvidado.

CAPÍTULO 30

El capuchino

«Bien sé, hijo, que otras muchas cosas os podría
y debería decir. De las que podría, no hacen por
ahora al caso... las que debería están tan oscuras
y dudosas que no sé cómo decirlas ni que os
debo aconsejar sobre ellas, porque están llenas
de confusiones y contradicciones,
o por los negocios o por la conciencia».
EMPERADOR CARLOS V

Nápoles, 21 de noviembre del año
de nuestro Señor de 1532

LAS PRIMERAS SEMANAS EN NÁPOLES no pudieron ser más felices. A los pocos días de su llegada a la ciudad, el secretario del virrey le concedió el permiso para residir en el reino, una pensión para sus estudios de Teología y el alquiler de una pequeña casa cerca del palacio. Por las mañanas se levantaba temprano y salía a pasear, después solía almorzar con Nicolasa, y dos tardes a la semana debatía con María Osorio, la primera a solas y la segunda con un pequeño y nutrido número de nobles castellanos y aragoneses. Dos días a la semana daba clases de español a varios de los hijos de estos nobles, pero una noticia vino a empañar toda aquella felicidad momentánea.

147

Una carta le anunció el fallecimiento de su hermano Diego quien, al parecer, le había legado todas sus posesiones, por lo que el resto de su vida no tendría que preocuparse por las cosas materiales a las que además le tenía poca afición.

Aquella tarde, tras saber la triste noticia, se acercó a la pequeña tertulia algo afligido, pero siempre que una desgracia lo torturaba, Dios procuraba darle una nueva alegría.

En la sala había una docena de hombres y mujeres; allí se sentían libres, no importaba su linaje, su sexo o su origen. Podían ser ellos mismos y ese es el único tesoro que anhela en realidad el hombre.

—Hay algo que nos cuesta entender a todos: cuando nos presentamos ante Dios siempre estamos desnudos. No es que Él no aprecie nuestras obras, que como un padre complaciente se sienta orgulloso de sus hijos o que, simplemente, se centre en nuestras debilidades, todo lo contario. Nuestro Padre desea que nuestra unión con Él sea tan perfecta que nuestro yo, nuestro ego, dañado y adornado con tantos honores superfluos, con tantos apellidos ilustres y títulos sublimes, se libere y corra desnudo ante Cristo. En otras palabras, Dios nos anhela libres. Los bienes, la fama, la riqueza, el valor se convierten en muchos casos en una dura y pesada carga, pero Jesús vino a liberarnos de todas ellas. ¿Qué nos diferencia de los mendigos que piden a las puertas de las trescientas iglesias de Nápoles? Nada, únicamente la gracia de Dios y los méritos de Cristo y, aun así, ellos también son criaturas amadas con un profundo amor. ¿Por qué hay pobres en las puertas de nuestras iglesias y estas están ricamente decoradas? ¿Qué da más gloria a Dios, una capilla con los frescos más bellos de la tierra o un templo lleno de amor y misericordia? Pintamos los techos de las iglesias, porque nuestro orgullo nos impide ver el cielo. Entonces, de repente, Dios se hace hombre. El Creador del universo, el inconmensurable, como dice Pablo en la epístola de Efesios se hace hombre y toma forma de siervo. No ve el ser igual a Dios como una cosa a la que aferrarse, mientras nuestro anhelo es hacernos iguales a Dios.

Todos lo miraban extasiados, pero no eran las palabras de Juan ni su tono suave, casi como el murmullo de un arroyo o el sonido del viento agitando las hojas; lo que aquel hombre desprendía era puro amor. No un amor suyo, humano, pasajero, caprichoso y condicionado, sino el puro amor de Dios. Algo que ninguno de ellos había experimentado antes.

—Os preguntaréis, ¿cómo podemos alcanzar ese estado? ¿Cuál es el camino que lleva al cielo? ¿Puedo vencer todas las tentaciones que esta vida nos pone delante? La triste respuesta es que no. Pablo se lo dice a los efesios: en nosotros sobrevive un viejo hombre, pero Jesús nos reviste de uno nuevo. La vestimenta de Dios es su imagen, esa imagen que con la caída nos fue arrebatada. Siendo siervos y esclavos nos convierte en príncipes y sacerdotes. De ese modo, el afán y la ansiedad, los miedos y los temores, los celos y las contiendas, pierden su fuerza en nosotros.

—Pero ¿cómo nos vestimos? —preguntó impaciente Julia Gonzaga a la que todos menos Juan llamaban por su nombre italiano: Giulia.

Juan sonrió. Aquella mujer era muy especial, la que más deseaba parecerse a Cristo, le recordaba a María Magdalena, la más ferviente seguidora de nuestro Señor.

—No es fácil y en cambio es lo más sencillo del mundo. Dios nos pide que nos apartemos de las cosas caducas y transitorias, para poder centrarnos en las eternas. Si nos alimentamos de cosas humanas y no celestiales, eso es lo que cosecharemos. Cuando nuestra alma se une con Dios todo parece superfluo y banal; solo prevalecen la fe, la esperanza y el amor. Eso no significa que la vida no tenga sentido; justo lo contrario, es cuando cobra sentido de verdad.

Tras unas oraciones todo el grupo comenzó a tomar un poco de vino y queso; se sentían tan bien juntos que les costaba separarse.

—Juan, quiero presentaros a un buen amigo, Bernardino Ochino.

—Os conozco, aunque no os había visto. Sois el mejor predicador de Italia —dijo Juan extendiendo la mano al monje.

—Yo también, todo el mundo habla en Nápoles de vos, pero sin duda sois vos el mejor predicador del mundo.

—Únicamente digo lo que el Espíritu Santo pone en mis labios.

Al terminar la reunión, Bernardino se empeñó en acompañar a Juan hasta su modesta casa. Era un monje capuchino, pero muchos lo consideraban uno de los mejores talentos que tenía la Iglesia católica en Italia.

—Me han impresionado vuestras palabras, no sabía que se podía expresar de una forma tan sencilla el puro Evangelio.

—Si el Evangelio es puro, siempre es sencillo. ¿No creéis? Lo complicamos nosotros ya sea para presumir de sabiduría o para hacerlo de espiritualidad. Nuestro Señor hablaba de tal manera que podía entenderle un niño y un doctor de la ley.

Bernardino se pasó toda la tarde escuchando a Juan; para él era como un viento fresco capaz de quitar de sus ojos la costra que durante tantos años le había cegado a la pura palabra predicada de Cristo.

CAPÍTULO 31

Garcilaso de la Vega

*«Confiaré en la Palabra inmutable de Dios
Hasta que el alma y el cuerpo se corten, porque,
aunque todas las cosas pasarán, su palabra deberá
permanecer para siempre».*
MARTÍN LUTERO

**Nápoles, 1 de marzo del año
de nuestro Señor de 1535**

LA VIDA TRANSCURRÍA POR PRIMERA vez en muchos años con una gran placidez, aunque el trabajo literario de Juan parecía cada vez más frenético. Se pasaba las horas que no le quitaban sus tertulias, a las que acudía la intelectualidad de la ciudad, escribiendo y corrigiendo. Traducía parte de la Biblia, hacía comentarios sobre muchos de sus libros, pero el trabajo del que se sentía más orgulloso era su *Diálogo de la lengua*. Un libro sobre cómo aprender español, cuya intención era instruir a los italianos y a los hijos de los españoles para que pudieran hablar el idioma del imperio.

Aquel día, su amiga Julia Gonzaga le dio una sorpresa inesperada: quería presentarle a Garcilaso de la Vega, un caballero que había luchado en muchas batallas pero que, sobre todo, era un gran diplomático y escritor. Garcilaso había traducido varios libros y se pasaba la mayor parte del tiempo en la Academia Pontoniana, una institución creada para difundir las letras en Italia. La Academia tenía una gran biblioteca y sus miembros eran algunos de los hombres más ilustres de Nápoles.

—Es un gusto presentaros al caballero Garcilaso de la Vega, uno de los hombres más ilustres de nuestra amada patria.

—Un placer —dijo Juan mientras le estrechaba la mano. Se encontraban en la Academia y el conquense llevaba su manuscrito del *Diálogo de la lengua* debajo del brazo.

—¿Este es su libro? —preguntó Garcilaso impaciente; era un enamorado del idioma y disfrutaba con cada nueva lectura. En especial, la de un hombre del que le habían hablado tanto y tan bien.

—No está terminado —comentó Juan algo temeroso de que el juicio del toledano fuera demasiado duro.

—Después de leer su *Diálogo de doctrina cristiana* no creo que nada salido de su pluma pueda decepcionarme.

Los tres se sentaron en una mesa alargada de la biblioteca y Garcilaso pasó un buen rato leyendo en silencio; cuanto más tiempo pasaba más nervioso parecía Juan.

—¡Increíble! La Gramática de Nebrija siempre me pareció demasiado reglada y afectada por sus acentos del sur, pero este libro me ha dejado sin palabras. ¿Puedo leer este párrafo? —preguntó mientras lo señalaba con el dedo.

MARCIO.— ¿Cómo no? ¿No tenéis por tan elegante y gentil la lengua castellana como la toscana?

VALDÉS.— Sí que la tengo, pero también la tengo por más vulgar, porque veo que la toscana está ilustrada y enriquecida por un Boccaccio y un Petrarca, los cuales, siendo buenos letrados, no solamente se preciaron de escribir buenas cosas, sino que procuraron escribirlas con estilo muy propio y muy elegante. Como sabéis, la lengua castellana nunca ha tenido quien escriba en ella con tanto cuidado y miramiento cuanto sería menester para que el hombre, queriendo dar cuenta de lo que escribe diferente de los otros o reformar los abusos que hay hoy en ella, se pudiese aprovechar de su autoridad.

MARCIO.— Cuanto más lo sabéis, tanto más os deberíais avergonzar vosotros, que por vuestra negligencia hayáis dejado y dejéis perder una lengua tan noble, tan entera, tan gentil y tan abundante.

VALDÉS.— Vos tenéis mucha razón, pero eso no me toca a mí.

MARCIO.— ¿Cómo no? ¿Vos no sois castellano?

VALDÉS.— Sí que lo soy.

MARCIO.— Pues ¿por qué esto no os toca a vos?

VALDÉS.— Porque no soy tan letrado ni tan leído en cosas de ciencia como otros castellanos que muy largamente podrían hacer lo que vos queréis.

MARCIO.— Pues ellos no lo hacen y a vos no os falta habilidad para poder hacer algo; no os deberíais excusar de ello, pues, cuando bien no hicieseis otra cosa que despertar a otros a hacerlo, haríais harto, cuanto más que aquí no os rogamos que escribáis, sino que habléis;

y, como sabréis, palabras y plumas el viento las lleva.[1]

—¿Qué os parece tan portentoso? —preguntó sorprendido Juan.

—La agilidad y rapidez con la que explicáis y, sobre todo, la palabra certera en cada momento.

Los dos hombres se quedaron varias horas hablando mientras Julia los escuchaba complacida.

—Ahora que os he conocido debo partir para España; por desgracia para mí soy más militar que poeta. En nuestra patria siempre se han valorado más las espadas que las plumas.

—Pero eso nos ha convertido en un imperio —le contestó Valdés.

—Los imperios pasan y perecen, la poesía es eterna.

—La poesía también pasará.

Garcilaso lo miró algo confuso.

—Todo lo que vemos un día ya no existirá, aunque nos recuerden unos cientos de años, un día el mundo tal y como lo conocemos ya no existirá. Pero cuando nos resucite de entre los muertos y nos ponga como reyes en sus nuevos cielos y su nueva tierra, entonces, querido compatriota, todo será poesía.

---

1 Fragmento de *Diálogo de la lengua* de Juan de Valdés. Página Cervantes Virtual: https://www.cervantesvirtual.com/obra-visor/diálogo -de-la-lengua-0/html/fede437e-82b1-11df-acc7-002185ce6064_2.html

CAPÍTULO 32

La belleza que encierran las palabras

«Todo lo que hay de bello en el hombre pasa y no dura»
LEONARDO DA VINCI

Nápoles, 23 de junio del año de nuestro Señor de 1540

BERNARDINO OCHINO MIRÓ TODOS LOS manuscritos de Juan y se quedó impresionado.

—*Alfabeto cristiano, Comentario a los Salmos, Comentario de la epístola de San Pablo a los Romanos y la I a los Corintios y Las ciento diez divinas consideraciones.* Es increíble todo lo que habéis hecho en estos años.

—Dios me dio las ideas y las fuerzas. Si os soy sincero, no me arrepiento de todo aquello a lo que he tenido que renunciar por amor a Él.

Bernardino lo entendía plenamente, sabía lo que era renunciar, aunque Dios lo había llevado desde una condición muy humilde hasta una posición holgada y ahora era prior de su orden.

—He predicado por toda Italia la pura palabra de Dios, pero he de reconocer que cada vez me cuesta más disimular mi desprecio a los ídolos y a muchas de las falsas enseñanzas de la Iglesia de Roma.

—Dios nos ha puesto como mensajeros de sus palabras. Jesús cumplió la ley, pero no trajo la de la gracia, ya que su cumplimiento era imposible. Debemos, como Nicodemo, trabajar dentro de la Iglesia para acercarla a Cristo.

—Pero imagino que sabréis las noticias.

Juan lo miró algo intrigado.

—Los males de vuestra amada nación están llegando a Italia.

El conquense no sabía a qué se refería.

—Los inquisidores españoles han abierto un nuevo proceso contra vos y ahora os acusan de estar llevando a la nobleza de Nápoles hacia la herejía luterana.

—Es absurdo, no soy luterano. Lo único que enseño es lo que dice la Biblia.

En ese momento Juan comenzó a toser; llevaba unos días encontrándose mal, tiritaba todo el rato a pesar de ser verano.

—¿Os encontráis bien?

Juan no paraba de toser y Bernardino le acercó un poco de vino dulce.

—Mejor, gracias.

—No sabía que estabais enfermo.

—En mi familia todos tenemos los pulmones débiles; alguna corriente de aire debe de haberme afectado.

En cuanto estuvo a solas se metió en la cama. En los últimos tiempos apenas podía trabajar un par de horas porque enseguida se sentía agotado. Comenzó a orar en su mente, ya que no tenía fuerza ni en los labios:

«Dios mío, otra vez mis acusadores vienen en mi contra, pero tú eres mi protector. No te pido por mí, sino por mis ovejas, para que no sufran daño. Tú eres nuestro valedor».

CAPÍTULO 33

Temores y muerte

«El corazón se desborda de alegría, y salta y baila
por la alegría que ha encontrado en Dios. En
esta experiencia, el Espíritu Santo está activo, y
nos ha enseñado en un abrir y cerrar de ojos el
profundo secreto de la alegría. Tendrás tanto gozo
y risa en la vida como tú tendrás fe en Dios».
Martín Lutero

Nápoles, 23 de junio del año
de nuestro Señor de 1541

LOS ÚLTIMOS MESES LOS PASÓ Juan en su cama. Siempre había amigos rodeándole, él que nunca había podido tener una familia, a quien la soledad siempre perseguía, ahora tenía decenas de hermanos que se desvelaban por él.

Julia pasaba tantas horas cuidándole, que casi no atendía su casa.

—Julia, deberías marcharte.

—Ni lo penséis, tengo que cuidaros.

—Dios lo hace; dentro de poco me reuniré con Él.

—No digáis eso —dijo la mujer entre lágrimas.

—La vida es una preparación para la muerte. ¿No os sorprende que cuanto más sabios somos y mejor es nuestro carácter tengamos que partir? Cuando Cristo regrese y establezca su reino en la tierra, nosotros deberemos gobernar a su lado.

La mujer le tomó la mano; sus lágrimas desconsoladas parecían salir del pozo más profundo de su alma.

—¿Qué haremos sin vos? Nos dejáis huérfanos y perdidos como ovejas sin pastor.

—Si pensáis así mal trabajo he hecho, nuestro pastor es Cristo, yo soy un simple siervo.

En ese momento Juan sintió que le faltaba el aliento y comenzó a jadear, la mujer llamó a los amigos que se encontraban en la otra habitación y todos acudieron prestos.

—Cuidaos de los lobos, de los que matan el alma. Estad preparados, nuestro enemigo el diablo está siempre acechando.

Todos lloraban desconsolados ante tan dura despedida.

—Amad mucho, amad sin medida, amad siempre y no dejéis de amar, porque la belleza de las palabras en ese verbo se resume: porque Dios es amor.

Cuando Juan expiró su último aliento, las lágrimas se convirtieron en gemidos, pero Julia se puso en pie y se secó el rostro.

—Ya está con el maestro. Ahora vamos a celebrar su vida.

Los funerales fueron austeros y discretos, no querían llamar la atención de las autoridades eclesiásticas. Su cuerpo fue enterrado lejos de su patria, pero había encontrado otra, la celestial, que aunque había deseado con toda su alma, sabía que algún día la vería con sus propios ojos.

Epílogo

«¿DÓNDE ESTÁ OH MUERTE TU aguijón, dónde sepulcro tu victoria?».

Aquel texto siempre le recordaba aquel día de la muerte de su maestro y amigo Juan de Valdés; ahora que se había convertido en un proscrito se daba cuenta de que, como Juan, su ciudadanía no era de este mundo.

Se tapó con la manta; tenía los dedos entumecidos por el frío a pesar de ser agosto; aquella tierra era fría y poco hospitalaria. Sopló sobre las últimas palabras escritas y después descansó un poco.

«La gente tiene que conocer a este hombre», se dijo mientras cerraba los ojos e intentaba reconstruir en su mente las charlas con Juan y los amigos de Nápoles. El tiempo pasaba inexorable y la mayoría de sus hermanos habían escapado de Italia o se habían tenido que enfrentar a la muerte.

¿Por qué se perseguía a los que simplemente querían vivir en la pureza del evangelio?, se preguntó en su mente.

Después la respuesta le vino a la cabeza como una ráfaga de viento: si habían perseguido al maestro, al autor de la gracia, ¿cómo no lo iban a hacer ellos? Ahora se sentía libre; ya no era recibido entre los poderosos de este mundo ni era alabado por sus prédicas, pero ya no tenía que fingir.

Dio un breve suspiro, miró por la ventana el verde valle que lo rodeaba y pensó que un día volvería a ver a todos los que había amado, y aquella esperanza le templó el corazón.

Algunas aclaraciones
históricas

LA HISTORIA DE JUAN DE Valdés es veraz. Fue un hombre que luchó por la verdad y siempre deseó transmitir las enseñanzas de Jesús a los hombres y mujeres de su tiempo. Juan hizo una de las gramáticas más importantes de la historia del español y, aunque su libro *Diálogo de doctrina cristiana* fue prohibido durante siglos en España, se hicieron numerosas traducciones a otros idiomas y fue reconocida su valía con el tiempo.

La vida de Alfonso y Diego de Valdés también son verídicas. No sabemos si Juan conoció a Francisca de Nebrija, pero debieron de coincidir en la Universidad de Alcalá de Henares y posiblemente se conocieron.

Las obras de Juan estuvieron muchos siglos perdidas; su *Diálogo de la lengua* no fue publicado hasta 1736 por Gregorio Mayans, pero no se supo quién era su autor hasta el siglo XIX.

La vida de Pedro de Mena es ficticia. Nicolasa de Ávila no existió.

La vida de Juan en Alcalá de Henares, Roma y Nápoles está basada en los datos que nos quedaron de su existencia, que no son muchos. Sirva este libro como recuerdo y memoria de uno de los hombres más grandes de la literatura y la fe que ha dado el mundo.

Breve biografía de Juan de Valdés y Alfonso de Valdés

Juan de Valdés

HEMOS HABLADO DE LOS ESTRECHOS lazos que hubo, por lo menos en un principio, entre los reformados españoles y los seguidores de Erasmo.[1] En algunos casos la simbiosis fue total, hasta el punto de que algunos erasmistas terminaron por separarse de la línea ambigua, después de la abierta condena que tomó Erasmo frente a Lutero, y su negativa a unirse a las filas de los reformados. Uno de esos hombres era conquense, estudiante en Alcalá de Henares y ciudadano del mundo, se llamaba Juan de Valdés.

Juan fue uno de los primeros españoles en abrazar la fe reformada, aunque sea difícil encasillarlo en cualquier tipo de dogmatismo. Tal vez esta negativa a encasillarse ha creado mayor dificultad; por ello, algunos historiadores han puesto en duda sus ideas reformadas protestantes, queriendo asociarlo a los diferentes

---

1 José Luís Betran comenta en el libro coordinado por GARCÍA CÁRCEL, *Historia de España Siglos XVI y XVII*, Cátedra, Madrid, 2003. pp 178-179.

grupos de reformistas moderados que surgieron dentro de la Iglesia romana.

Los Valdés provenían de una familia conversa, con precedentes de apoyo a la revuelta de los comuneros a favor del marqués de Villena.[1] El padre de Juan se llamaba Hernando y trabajaba bajo las órdenes de otro judío converso, el primer marqués de Moya, Andrés de Cabrera. Esta unión con los marqueses de Moya permitió a la familia Valdés prosperar bajo su sombra. Cuando, durante la guerra civil de 1475, los marqueses se pusieron del lado de la entonces princesa Isabel, no podían ni imaginar los beneficios que esto iba a reportarles. De ser unos nuevos nobles, pasaron a ocupar una posición importante en la corte castellana. Hernando, por su parte, recibió la vacante de regidor de Cuenca. El padre de Juan se casó poco después con María de Barrera que procedía como él de familia conversa.

La pareja tuvo doce hijos de los que solo nueve llegaron a la mayoría de edad. Por no enumerar a todos destacaremos a Andrés de Valdés, el primogénito, que ocupó el regimiento conquense del padre; Diego, arcediano de Villena y canónigo de Cartagena; Francisco, maestresala del marqués de Moya y Alfonso, secretario del emperador Carlos V. Los Valdés habían alcanzado en muy pocas generaciones un gran prestigio social, que hizo olvidar durante algún tiempo sus orígenes judíos. Alfonso, por ejemplo, llegó al escalón más alto dentro del sistema burocrático de su tiempo.

Juan, que es la figura central de este libro, nació en 1501; vivió alejado de la corte, sin duda preparándose para ser sacerdote seglar o secular. Sus primeros estudios debió recibirlos en el patrocinio

---

1 *Ibídem*. 169.

capitular existente en Cuenca, aunque poco se sabe de su vida en dicha ciudad. De allí marchó a Escalona hacia el 1523 para entrar a trabajar en la casa de don Diego López Pacheco.[1] La vida de Juan debió de ser tranquila ya que el marqués, de avanzada edad, pasaba sus últimos años en un apacible retiro alejado de las pasiones mundanas. Según algunos procesos inquisitoriales, don Diego tenía a su cargo a un predicador acusado años más tarde de alumbrado, llamado Pedro Ruiz de Alcaraz. El marqués, sus siervos y familiares escuchaban atentamente sus enseñanzas y fue, con toda seguridad, el primer maestro espiritual de Juan. Este primer contacto con temas espirituales lo debió marcar profundamente, porque se arrepintió del tiempo perdido leyendo y viviendo mundanamente, preocupado en lecturas de caballería, como él mismo confiesa en su libro *Diálogo de la lengua*.

En el año 1527 entró en la Universidad de Alcalá de Henares, para estudiar griego y posiblemente también hebreo, teniendo como maestro a Francisco de Vergara. Durante dos años asistió a clase, donde pudo vivir por primera vez cómo corrían verdaderos vientos de reforma erasmista en las aulas alcalaínas. Joven amigable y de gran facilidad para el estudio, se ganó la simpatía de profesores y compañeros, convirtiéndose en pocos años en un verdadero erudito de lenguas clásicas como el griego, el hebreo y el latín. En el dominio del castellano se le consideraba un verdadero genio.

Las inquietudes espirituales, fruto de su conversión en Escalona, le hicieron reflexionar sobre la incapacidad del hombre para alcanzar la salvación por sus propias fuerzas. No se sabe a ciencia

1 Segundo marqués de Villena.

cierta, si estas ideas del pequeño grupo de la casa del marqués de Villena ahondan sus raíces en las tierras de la Reforma alemana, pero por el número de obras de Lutero que circulaban en ciertos medios sociales y culturales, bien podían ser las inspiradoras de las prédicas de Alcaraz. El mismo Juan debió de tener acceso a dichas obras por medio de su hermano Alfonso.

Las vivencias espirituales de Valdés, unidas a las lecturas en un ambiente abierto y receptivo como el de la universidad, dieron a luz su libro *Diálogo de doctrina cristiana*.[1] Sería un error creer que la voz de Juan era una gota en un océano de indiferencia, ya que sus inquietudes eran compartidas por un gran número de profesores y alumnos.

El *Diálogo de doctrina cristiana* fue impreso por Miguel de Eguía, y vio la luz el 14 de enero de 1529. Juan prefirió no darse a conocer y la obra salió como anónima. El libro armó un gran revuelo y fue entregado a una comisión de la Inquisición para ser examinado, la cual dictaminó que la revisión de algunos textos confusos era suficiente para darle el visto bueno y permitir su difusión, dejando dormir tranquilo a nuestro protagonista. Con este catecismo Valdés se anticipaba a los de Lutero, que aparecieron en abril y mayo de ese mismo año.

Aunque el juicio del *Diálogo de doctrina cristiana* puede parecernos benigno, hemos de añadir que en una carta dirigida a los tribunales de distrito de la Inquisición desde la Suprema, órgano

---

1 Bataillon vio en este libro la clara influencia de Erasmo. Nieto cree que las influencias de Valera venían de mano de los dexados y Alcaraz, y que su proyecto del *Diálogo de doctrina cristiana* es anterior a la estancia en Alcalá. NIETO, *Juan de Valdés y los orígenes de la Reforma en España e Italia,* Fondo Cultura Económico, Madrid, 1979. p 178.

máximo de la Inquisición, con fecha 27 de agosto de 1529, su lectura quedó prohibida. A pesar de todo, su difusión es muy importante, incluso fuera de nuestras fronteras. Entre los lectores afamados está el inquisidor de Navarra, Sancho Carranza de Miranda, que, encantado con la obra, la distribuyó por su diócesis.

Otros proyectos de Valdés, como la traducción de algunos libros de Lutero y Escolampadio, pusieron a la Inquisición tras su pista. La protección que rodeaba a Valdés por parte de los profesores erasmistas no podía frenar por mucho tiempo el brazo inquisitorial. En este periodo tan temprano a Valdés ya se lo consideraba luterano; así lo defiende Llorente en su libro, aportando un documento de la Inquisición que dice: «... (sus ideas) consideradas como luteranas y su autor declarado formalmente hereje. No se le pudo meter en prisión porque se había marchado de España».[1]

Sus perseguidores fueron estrechando el cerco y Juan decidió salir del país, antes de que la cosa llegara a mayores. Nuestro protagonista tuvo que dejar su amada Alcalá, ya que las nubes de la intolerancia y la represión empezaban a nublar el cielo hispano.

En 1529, Juan de Valdés marchó a Italia siguiendo a la corte imperial, que poco antes había embarcado para Génova, aunque no hay noticia de que llegara a Roma antes de agosto de 1531. En Roma buscó hacer carrera como clérigo. Apoyado por su hermano Alfonso y Juan Ginés de Sepúlveda, fue nombrado camarero del papa Clemente VII, pero la vuelta de la corte imperial dos años después, lo animó a recurrir nuevamente a su hermano, para conseguir algún puesto mejor. La muerte de Alfonso en Venecia a

---

1 Citado por NIETO, Op cit, p 231. Del libro de Llorente *Historia Crítica de la Inquisición*.

causa de la peste supuso un duro golpe emocional y material para Juan. No olvidemos que su cabeza pendía de un hilo en España y su única protección era la privilegiada posición de su hermano Alfonso. Juan, que había pedido al papa un salvoconducto para ir a ver a su hermano, nunca volvió a verlo con vida.

En un primer momento se pensó en sustituir a Alfonso por algunos de sus hermanos en la secretaría, más al fin se optó por suprimir su cargo. La corte romana empezó a ser peligrosa para una persona investigada por la Inquisición española. La ascensión al papado de un Farnesio, Alejandro Farnese, ponía a todos los colaboradores del anterior papa en peligro. La muerte de su otro hermano, Diego, desahogó su precaria situación económica, dado que las rentas de este fueron a parar a su persona.

El destino elegido para «alejarse» de Roma fue Nápoles en 1535. El retiro en el sur de Italia produjo una pérdida de influencia en los teatros principales de la política de su tiempo, aunque mantuvo una intensa relación epistolar con personajes como Granvela y Cobos. De hecho, ostentó un cargo oficial, veedor de los castillos de Nápoles, informando a Cobos, secretario del emperador, de asuntos políticos en Nápoles. Juan vivió en Nápoles hasta el fin de sus días. En esta hermosa ciudad logró una importante influencia social, colaborando activamente con el virrey don Pedro de Toledo, y lo que es más importante, dedicó su vida al estudio y a la predicación de su fe.

El amigable estudiante de Alcalá de Henares, admirado y amado por sus compañeros y profesores, supo ganarse el afecto de la cerrada sociedad napolitana. A todos ellos llegó con su sencillo mensaje de los «beneficios de Cristo». Los cultos domésticos estaban repletos de personas de alta alcurnia, religiosos e intelectuales: la condesa de Fondi, Bernardino Ochino, el agustino Pietro Martire y el humanista y noble marqués de Vico Galeazzo. La congregación de Nápoles siguió manteniendo sus hábitos religiosos, tal vez a la espera de que un concilio cambiara el curso de la Iglesia romana.

Aunque Juan fue siempre un hombre moderado en sus ideas, no cabe negar que su labor contribuyó a la implantación del primer grupo de evangélicos en Italia. De las salas de la casa de Valdés, en Nápoles, salieron algunos mártires y líderes religiosos ilustres del protestantismo europeo. Juan no estableció una iglesia jerarquizada ni formal; no hubo constitución de pastores y ordenanzas. Las reuniones se celebraban en la casa de Valdés y parece ser que también ejercía él la labor de dirección del grupo. Se calcula que Valdés consiguió reunir y adoctrinar a más de tres mil personas, la mayor parte de ellas pertenecían a la nobleza y a las clases pudientes de la ciudad.

El ilustre español realizó paralelamente a su labor pastoral una extensa obra literaria. La mayor parte de sus libros fueron impresos después de su muerte. Algunos de ellos traducidos por discípulos suyos y difundidos en italiano y castellano.

Juan de Valdés muere en el año 1541. Un poco después, la persecución se desata sobre sus hermanos en la fe. La bula del 8 de enero de 1542 reforzaba el poder de la Inquisición italiana. Los rigores de la nueva Inquisición italiana obligaron a exiliarse a seguidores de Valdés como Pierpaolo Vergerio, obispos de Capodistria, o Bernardo Ochino, general de los capuchinos.

Valdés, hombre prudente, había mantenido ciertos lazos con la iglesia oficial para evitar así la persecución de la incipiente Inquisición. De otro modo, como sucedió más tarde, la Inquisición

romana habría desecho en mil pedazos al pequeño grupo de reformados italianos. Desde el año 1536, coincidiendo con la visita de
Carlos I a Nápoles, se habían promulgado varios decretos contra
las ideas reformadas, imponiendo penas de excomunión y muerte
a todo aquel que se adhiera a dichas doctrinas. La dispersión
de sus seguidores y la represión de la jerarquía dieron al traste
con este primer intento de reforma en este país. Algunos de los
seguidores de Valdés fueron ajusticiados y otros huyeron a tierras
favorables a sus ideas.

Alfonso de Valdés

PARECE CLARO QUE ALFONSO DE Valdés nació en
Cuenca, como su hermano Juan. Se cree que estudió en Alcalá,
pero no se sabe a ciencia cierta. Aunque no sería extraño, ya que
la mayor parte de los personajes más destacados de este tiempo
estudiaron allí. Posiblemente de Alcalá le venga a Alfonso su afición por el humanismo y, en especial, por Erasmo. Alfonso, por su
supuesta ortodoxia, se ha librado del ostracismo realizado contra
los reformados españoles.

En los últimos años, algunos autores han visto en Alfonso al
escritor del *Lazarillo de Tormes.* Wiffen nos dice de él que fue
discípulo de Pedro Mártir y mantuvo correspondencia con él. En
el índice de *Cartas de Erasmo,*[1] Menéndez Pelayo duda de que
Valdés estudiara en el Colegio Español de Bolonia y fuera clérigo.

---

1 Menéndez y Pelayo, Marcelino, Op cit, Tomo I,. Capítulo sobre
Alfonso de Valdés. (*edición de Froben, año 1538*)

Valdés empezó su servicio al emperador seguramente como escribano, a las órdenes de Mercurino Gattinara. Estuvo en la coronación de Carlos V en Aquisgrán y en la Dieta de Worms.

Alfonso de Valdés, un gran viajero debido a su profesión, se dedicó en alma y cuerpo al servicio del emperador. Escribió Alfonso algunas de las cartas más importantes de Carlos V. Pero Alfonso de Valdés fue más que un amanuense de la cancillería. Su relación con ilustres reformados y miembros de la Iglesia católica, especialmente con Erasmo, lanzaron su vida hacia la teología y las humanidades. Se desconoce cuándo Alfonso trabó amistad con Erasmo, pero ya en 1525 su compañero, Maximiliano Transylvano, lo elogia por tomar «la defensa y patrocinio de los asuntos del de Rotterdam, que resplandece como una estrella», y le pide que interceda ante Carlos V, para que este dé una pensión al holandés. La intervención tuvo éxito, ya que en una carta de Erasmo a Gattinara, agradece Erasmo al canciller *pro diplomate impetrato*.

El apoyo de Alfonso al humanista no se detuvo en lo meramente económico. El 12 de febrero de 1527, Alfonso de Valdés escribe desde Valladolid a los teólogos de la Universidad de Lovaina para que no digan nada contra Erasmo (*varón benemérito de la república cristiana*), por ser esto contra el edicto del césar, que quiere que florezcan los estudios y *vuelva la cristiandad a sus antiguas fuentes*. El Dr. Pedro Gil o Egidio, en una carta de cumplimientos y pretensiones, fecha de Amberes el 27 de marzo (¿de 1527?), llama a Valdés *Erasmici nominis studiosissimum*. Erasmo reconoció los servicios de Alfonso de Valdés en su carta del 31 de marzo de 1527. En ella Erasmo dice de Alfonso de Valdés *ornatissime iuvenis* y le agradece su admiración. Maximiliano Transylvano dejó escrito a Valdés los hechos de la Junta en Valladolid sobre los libros de

Erasmo. Maximiliano critica a los enemigos de Erasmo con insultos como *fratérculos, gingolfos y asnos*.

Pero Alfonso de Valdés no es solo defensor de Erasmo, también lo es incondicionalmente de Carlos V y su política europea. Su admiración por el emperador alcanza tal punto, que llega a elogiar el saqueo de Roma por las tropas imperiales, a pesar de que se levantan voces críticas contra la actuación de Carlos V, aun dentro de España.

Alfonso de Valdés, el amigo de Erasmo como le gustaba llamarle a Menéndez Pelayo, aprovecha las críticas a Roma para escribir un libro, donde se cuestionaba abiertamente al papa y a los curas. Utiliza el diálogo, un estilo muy extendido en la época, imitando a su maestro Erasmo en los *Coloquios*. Nieto[1] afirma que Alfonso usa el libro como un púlpito para criticar a la Iglesia católica.

Valdés pretende también reclamar la celebración de un concilio general. Esto también era el deseo de otros reformados españoles como Jaime y Francisco de Enzinas, al igual que Melanchthon y otros protestantes alemanes. De hecho, Alfonso de Valdés traduce al castellano por orden de Carlos V, la *Confesión de Augsburgo*,[2] escrita por el profesor Philipp Melanchthon.

En 1529 salió de España acompañando a la corte imperial. En Bolonia fue testigo de las reuniones entre Clemente VII y el emperador; y en Alemania, estuvo en la Dieta de Ratisbona. El 21 de septiembre de 1530 estuvo en Augsburgo, después en Colonia, en Bruselas, etc.

---

1 Nieto, *Valdés y la Reforma...* Op cit, p 109.
2 Según nos informa Nieto, por desgracia esta traducción se ha perdido. NIETO, Op cit, p 109.

En la Dieta de Augsburgo profundiza en su amistad con Melanchthon, amigo a su vez de otro español, Francisco de Enzinas. Melanchthon, oídas las explicaciones de Valdés en nombre del emperador, formuló por escrito las creencias luteranas en la famosa *Confesión de Augsburgo*. Valdés la leyó antes de presentarse a la Dieta y, por orden de Carlos V, la tradujo al castellano.[1] Boehmer, atribuye a Alfonso el libro *Pro religione Christiana res gestae in comitiis Augustae Vindelicorum habitis. Anno Dni. M.D.XXX Cum privilegio Caesareo*, aunque Menéndez Pelayo duda de la autoría de Valdés, ya que en el libro se critica mordazmente a los luteranos.

Alfonso de Valdés murió, según se cree, de peste en Viena, a primeros de octubre de 1532. Así consta en una cédula de Carlos V. Un agente secreto inglés llamado Agustín escribía a Tomás Cromwell desde Bolonia el 14 de octubre de 1532: «Una de las causas de la rápida partida del césar desde Viena a Italia fue la peste, de la cual murieron muchos hombres oscuros, y a la postre, el secretario Valdés».

---

1 Menéndez Pelayo informa en su libro, que Alfonso de Valdés la tradujo al italiano, lo que no tiene sentido, ya que no era este un idioma cotidiano para Carlos V. MENÉNDEZ PELAYO, Marcelino, Op cit, Tomo I, Capítulo sobre Alfonso de Valdés.